採用活動手記

就活の黙示録

前盛 直人
MAEMORI Naoto

文芸社

目次

第2章　全ての社会人に捧ぐ

終章

序章

私は、文化人でも作家でも小説家でもないし、たいした経歴もない平凡な人間である。また昭和の生まれで、IT企業に勤めていたとはいえ、パソコンもスマホも一人前に使うことができず、ましてやZ世代と言われる若者たちがよく利用しているSNSなどとは、ほぼ無縁といってもよいほどのアナログな人間である。

しかし幸か不幸か、そのアナログが重要視される採用・就職活動に20年間という長きにわたって携わり、これまで1万人以上の学生や若者と接する中で、私自身が彼ら彼女らをとおして多くの学びを得、それが今、無形の大事な財産になっている。

昨今、「持続可能性」とか、「価値観や働き方の多様性」とか、「誰一人として取り残さない」などと非常に聞こえのよい表現が流行語のように使われているが、その言葉の裏側に、「曖昧さ」を感じている人も少なくはないのではなかろうか。

本当にそのような世の中になってもらいたい。誰一人として取り残さない平和で穏やかで幸福な暮らしが実現できれば、それこそが理想と言えるであろう。

しかし、地方に目を向ければ、少子高齢化・若者の首都圏への流出で毎年人口が減り続け、活力を失いかけている。人手不足の中、人を採用したいがなかなか人材が集まらず大変な思いをしている地方の中小企業。コロナ禍で姿を消していった老舗企業の数々。パンデミックや戦争・低迷する世界経済・先行き不透明な社会情勢・貧困問題・溢れている不確かな情報・一向になくならないSNS上での誹謗中傷等々、社会に渦巻いている様々な背景の中で、自分の未来が見えず、将来に不安を抱いている多くの学生や若者たちがそこにいる。

そのような状況の中でも学生たちは、自身の将来を実現していくために就職活動に転じていく。企業の採用ツール化したインターンシップに参加することから始める就職活動は、事実上、就職活動の早期化を招き、学生たちの学業にも影響を与えている。先行きが見えず不安定なこの世の中で、多くの就活生たちは、安定を求める傾向がさらに強まり、名の通った大手企業や公務員を目指す。

都心にある超高層ビルからの眺望は、地方の学生たちにとっては魅力であろう。華やかで、煌《きら》びやかで、高い視点から地上を見下ろす爽快感は地方ではなかなか味わえない。彼らはさらに高い所から下界を見てみたいと、これまで以上の階層を目指しエレベーターで上っていく。しかし、突然停電が起きる。エレベーターも動かない。上がっていくにも下っていくにも階段を使わなければならない。時間も体力もいる。だが、そんなことに構わず、大企業は縦軸に伸びていく。

一方、地方の中小企業は地べたにしっかり根を張り、横軸に伸びていく。低層階ではあるものの横に伸びていくことによって、新しい土や草木と出会い、協力し合いながら、共に成長し大地を緑で覆う。根は深く太く些細なことではびくともしない。超高層ビルのような派手さはない。地味ではあるが、そこで働く社員の一人一人の推進力は高い。これこそが地方の中小企業力なのである。

これからは、企業の存在意義が大きく転換していくであろう。これまで企業の良し悪しは、どれだけ儲かっているのか、売り上げや利益つまり有形なる資産がどれだけあるのかが重視されてきた。確かにそれも企業にとっては重要なことなのであるが、これからの企業社会は無形的な資産の質と量、すなわち人的資本の充実にこそある。永続的な発展を遂げていくことが企業に求められる最大のミッションであるとすれば、それを可能にするのはＩＴでもＡＩでもなく、「ひと」である。だからこそ、その企業の人材採用力と育成力はますます重要な位置づけになってこよう。

学生や若者も同じである。今後の就職活動は、多様性［ダイバーシティ］を重視した世の中に変容していく中で行われるため、コミュニケーション一つをとっても、多様な人がいればいるほど意見も多くなる。そのため、お互いが通じ合うためには労力や時間がかかることを覚悟して臨んでいく必要があるであろう。

コミュニケーションが苦手であるとかできないとか、こういう仕事が好きだとか嫌いだとか、年間休日はどれだけあるのか、などと言う前に、この世界には、自分とは異なる人々がたくさん存在し、その人たちを尊重するためには、まず己自身の「多様性」とは何かを考え、認め、自分を尊重することの方が先である。自分を尊重できない者が、他人を尊重することはできない。そして、自分が苦手だと感じる人たちにも、社会の中での役割があり、存在する意味があるのだということに気づいてもらいたい。

その一つ一つの積み重ねが就職活動の質を高めていくものと確信する。

人材の採用育成・エンゲージメント（会社への愛着心・思い入れ）・ダイバーシティ・労務慣行の見直し・健康と安全は社員を雇用している企業であれば大切な柱となる。しかし、それ以上に重要となるのは「高い倫理観」である。企業の採用活動もさることながら、学生や若者の就職活動においても高い倫理観が求められる。家庭生活も同じである。家庭では親が子を育て、家庭への愛着心と思い入れを醸成してそれを共有し、子の性格や適性・多様性を見極め、日々の暮らし方・慣行に改善を加え、子の健康と安全を守りながら、一人の立派な人間として成長させていくことが親としての責務と捉える。その根底にあるのが親としての社会道徳と倫理観である。この部分が欠落していては、健全な家庭を築き上げることはできない。

私がこれまでに出会った若者や学生、その保護者、他社の採用担当者や経営者、大学関係者や行政関係者など多くの方々から学ばさせていただいた体験を、この本を手に取っていただいた方々にとって少しでもお役に立つものがあればという思いで、手記にまとめた。地方の活力を取り戻すために、学生や若者の真の幸福実現のために。

第1章　多くの学生と若者たちに捧ぐ

困難との遭遇は自らが成長するための大きなチャンスであり、自分の運命を自分で変えるための原動力となる。

失敗する就活生と成功する就活生

「自分の行動は必ず誰かが見ている」

学生には個性がある。時としてその個性はプラスにもマイナスにも作用する。失敗する就活生のほとんどは義務感で就職活動をしている。何故、何のために就職活動しているのか自分の定義がない。20年も人事担当をしていると、直接その学生と会わなくても電話越しの声や遠目に見える姿勢や態度で見抜くことができる。それは成功する学生も然りである。

私は採用活動のため、よくバスや電車でいろいろな地域に移動する機会がある。無論、現在はコロナ禍でそのような機会がだいぶ減ったが。

時々、真新しいリクルートスーツを着込んだ若者がバスや電車に乗り込んでくることがある。ある時、私が乗車しているバスに就活生らしい学生が乗って来た。いや、明らかに就活生である。着込んでいるスーツや革靴は大変素晴らしいのであるが、通路側の席にドッカと座ると、今度は持っていたカバンを窓側席にドカッと置いた。足を組み始め、おもむろにスマホを出し、友人に連絡するのかＬＩＮＥに夢中。それが終わるとポケットからガムを取り出し、クチャクチャ噛みながらスマホのゲームに集中。車内が混んできても、窓際の席には自分のカバンを置いたまま。

何を言いたいか。人は見ているのである。この学生はきっと人の前では良いことを言うであろう。よく見られたいということで、そのような振る舞いもするであろう。しかし、本質は全く違うのである。このような学生には、苦しみしかない就職活動が待っている。

だから学生たちにはよく言うのである。「自宅を一歩出たら、そこは就職活動の現場である」と。

県内出身で県外の大学に通う就活生とのオンライン面談
「親を強く思う心が自分の人生を迷わす。人生は誰のもの？」

コロナ感染により緊急事態宣言が発出されている中で、山形県内出身で県外の国立大学に学んでいる就活生とオンラインで面談。

この学生は孤立を感じている中で、それでも山形県内にUターンしたいとのことで就職活動を頑張っていた。いろいろ話を聞くうちに、すでに山形県内の製造メーカーに内定していることが判明。「どうしてそのような素晴らしい企業に内定しているのに、まだ就職活動をしているの？」という私の問いに、その重い口を開き、「実は、県内の実家で一人暮らしをしている母親のことを考えると、自宅から通勤可能な会社に就職したいと思うからです」と返答。

すでに内定している会社はその学生の実家から50キロメートル弱の距離で、決して通えない距離でもない。その回答に少々違和感を持ったため、さらに深く追及したところ、学生の母親が子の就職先について必ずしも自宅から通える範囲内を勧めているわけでもなく、学生の母親に対する一方的な強い思いが、自分自身が就職する地域を自ら限定してしまっていることがわかった。

「あなたは誰のために、何のために働くの？　お母さんのため？　すでに内定している企業が、もしあなたの実家のすぐ傍にあったら、その会社に入社したい？」と問うた。その学生は間髪容れずに「はい！　もちろんです」と即答。

この学生を本気で叱った。「あなたがお母さんのことを思うあまり、自分の気持ちを押し殺し、自分の意思に背く企業に就職することになっても、本当にお母さんは喜んでくれるだろうか？　決してそうではないはずだ。今日、この面談が終わったら実家のお母さんに電話をして、自分自身の本当の思いを包み隠さず本音で本気で伝えなさい。それが今、あなたにとって、いやあなたのご家族にとっても大事なことだ」と。

その学生は目に涙を浮かべ、最後に「必ずそのようにします。ありがとうございます」と言い、面談は終了した。

公務員から民間企業へ進路変更した就活生の本心

「公務員不合格だから民間へ。企業はそんな甘いものではない！」

「合格できなかった要因は何？」という問いに対し、その学生からは「面接試験で緊張して思うように自分自身を表現できなかったから」との返答。

「何故、公務員を目指したの？」という問いに対しては「自分が生まれ育った地域社会に貢献したかったからです」と。「それで、もう念願だった公務員になることには未練がないの？」との問いに対して「ありません」ときっぱり。

しかし、さらに深く質問をしていくうちに「実は、生まれ育ったこの地域に就職するなら安定した公務員になりなさいと親から言われたのが、公務員試験を受けることとなった最初の切っ掛けでした。そのような親のことを思うと、やっぱり公務員になりたいと今でも思っています」と、その学生は涙ぐんでか細い声で言い返した。

「そのような心理状態では今後、民間企業を受けても絶対に受からない。本当に公務員になりたければ、親に土下座をし、公務員になるための勉強の機会を与えてもらうようにお願いしては？　それには、あなたが何のために誰のために公務員になりたいのか、それを真剣に考え、自分の言葉でしっかりと親に伝えることが重要。親のために、自分の安定だけのために公務員になるなどというのは言語道断。あなたの将来の人生はあなた自身のものであって、親の人生ではないはず……」と言ったところで、その学生は号泣。

この学生からは後日、「公務員を目指して専門学校に行くことになりました」という連絡が入り、心から激励した。

就活の場は躾《しつけ》の場と化している現実

「大きなあくびから学んだ就活生」

ある合同企業説明会での出来事。弊社のブース内で会社の説明を聞いていた学生が14〜15名いた。そのブースの一番後方に着座していた学生が、正面を向いたまま大きなあくびをした。

話を一旦中断し、私はこう言い放った。「連日の就活で疲れているのだと思うが、説明している側を見て、口を大きく開きあくびをするとはどういうことか。生理現象だからあくびをするのは仕方がない。しかし、そのような時は手で口を塞ぐとか、脇を見て遠慮がちにするのが人としてのマナーであり、常識である。そして、そのようなことを、私のみならずこの会場にいる多くの人事担当者がよく見ていることを忘れてはならない。家から一歩出れば誰かがどこかで必ず見ている。そのように自覚するように」と。

ブースにいた学生たちは非常に驚いたようだったが、その後はあくびをした学生も含め、私の話を最後まで集中して身を乗り出すように聴いていたことが印象的であった。

説明が終わり、参加した学生たちの感想攻めにあった。中には「人前であくびをすることで叱られたり、生活マナーやモラルを親からも学校からも注意をされたことがない」という学生もいた。

これからは、生まれた時からスマホがあり、SNSで情報をやりとりするのが当たり前のZ世代の時代と言われている。時間を有効に利用したいということで、映画や動画を早送りにして関心がない箇所は飛ばして観るといったことも、その象徴的事例であろう。このようなZ世代は、それまでの世代の価値観とは違い、効率性を重んじつつ、斬新な価値観を有し、これまでの常識に捉われない新しい発想力で世界を変えていくことであろう。

そこに大きな期待を寄せている中で、肝心な人としての感性はどのようになっていくのか、私自身一抹の不安もある。ましてや人としての基盤教育が脆弱であり、家庭教育・学校教育どころか「躾」さえも企業側が施していかなければならない時代になっている。

日本の教育界もさることながら、日本人は日本人として、変えていいものと変えてはならぬものとを、もう一度原点に立ち返り考えていく必要があると強く感じた合同企業説明会であった。

内定がなかなかもらえない！

「親の言葉に焦りを感じ、自分を見失ったままの就職活動」

彼女は県外出身で、県外の大学で学んでいる女子大生。いろいろな業種業界の採用試験にチャレンジしたが、まだ1社からも内定をもらっていないという状況の中でのオンラインでの就職面談。

いろいろ質問した結果、彼女の親からは「とにかくどこでもいいから就職しなさい」と日々言われており、その言葉に焦りを感じ、いろいろな企業の採用試験を受けてまわっていることが明らかに。

「そういうことであれば、あなたは今後就職活動を続けても結果はでない。何故なら、あなた自身に確たる考えがないからだ。そのような学生を企業側が採用することはできない。あなたがもし企業側の立場であったら、そのような学生を採用したいと思う？」

学生の答えは「いいえ」の一言。

さらに彼女に指摘したことは、「あなた自身の考えがないから、就活のことで親に相談しても相談にならないのであろう。きっとあなたのお父さん・お母さんはあなたにもどかしさを感じ、どこでもいいから必ず就職しなさいと突き放しているのではないか。あなた自身がどんな職業に就き、どんな社会人になっていきたいのか、自分の将来へのビジョン・理想がどこにあるのか、もう一度原点に戻って熟慮することが就職活動の再出発点になる。今大事なことは、あなた自身があなたをプロデュースしていくこと。まだ遅くはない。しっかりした自分を持つことであなた自身の就活の勝敗が決まる。挫折や失敗・恥を恐れずに挑んでいってほしい」

そのような言葉を彼女にかけた瞬間、彼女は泣き崩れ、一言「はい。わかりました」と言い残して面談は終了。

不採用の理由を尋ねてきた学生の勇気

「幸運をつかみ取るための準備が真の幸せを実現する」

ある時、「○○大学の○○と申します。この度は採用試験に参加させていただき、ありがとうございました。本日到着いたしました採用試験の結果を受けて、貴社では採用いただけないことを知り、大変残念な気持ちです。そこで、これからの就職活動に活かせるよう私の至らなかった点をお教えください」という問い合わせがきた。

なぜ採用試験に合格できなかったのかを知りたいというこの学生には、「私も○○さんが一次選考を通過できなかったことに対しては非常に残念な思いでおりました。会社訪問や各合同企業説明会などに積極的に参加するなど、あなたの弊社に対する思いを強く感じていたからです」

「面接試験においては、多少緊張されていたのか、○○さんの熱意というものが面接官にあまり届いていなかったように思えました。役員による選考判定会議においては、回答の内容は別としても、質問に対して自信というか覇気というか、そういうものが少々足りないなと感じた面接官が多かったのが、その証かと思います」

「また、○○さんの場合、活動的業務・変化対応的業務・研究開発的業務・対人関係的業務には合わず、事務的維持業務・技能的維持業務に適性がある、ということが適性試験の結果に出ております。実は、ここが大きな問題でありました。ＩＴ業界は常に変化しており、また弊社はダイレクトにお客様と接する業務活動をしていますので、変化・活動・対人関係力というものがより強く求められます。○○さんはそこが少々弱かったということです」と回答した。

そして最後に「その点を今後克服し改善していけば、○○さんの真の自信に繋がり、就職活動も成就していくことでしょう。○○さんの今後の就職活動の参考にしてください。何事にも明るく、元気に、そして前向きでいれば必ずチャンスはやってきます。頑張って！　応援しています」と付け加えた。

本人からは、「私の至らなかった点を具体的に挙げていただき大変うれしく思います。これからの就職活動において、さらに自分に磨きをかけるよう精進してまいります」と力強い言葉が返ってきたのである。

このように彼自身は、彼自身の幸福をつかみ取るための準備を万全にしていったのである。彼は必ずや就職を成就することができるであろう。

面接試験対策は一時しのぎの演技対策？

「面接をしなくてもわかるその学生の家庭力」

会社見学で来社した学生の

① 靴の脱ぎ方や揃え方
② 見学が終わって帰宅する際の内履きスリッパの脱ぎ方・靴の履き方
③ 来社時・帰宅時の社屋外での歩き方や態度
④ 応接室や玄関に入室する際の学生の挨拶や態度

など、面談以外のところでその学生の家庭がどのような家庭であるのかが容易に想像できる。

靴を脱いだらきちんと揃える学生もいればそうでない学生もいる。応接室に待たせていた学生に挨拶をした際、座ったまま挨拶を返す学生もいる。このように靴やスリッパの脱ぎ方・履き方・挨拶の仕方一つから、その家庭の躾や教育レベルがわかるのである。家庭での過ごし方や躾の仕方を垣間見る一つの事例であった。

ある合同企業説明会が開催された時のことである。その会場に到着する前に近くのコンビニに立ち寄った。買い物が済んで外に出たところ、リクルートスーツを着込んだ就活生たちが大勢、合同企業説明会の会場に向かってぞろぞろと歩いていた。私もその集団の後について歩き出した。

その集団は、否応なしに私の視界に入る。ズボンのポケットに手を入れて歩く学生、スマホを見ながら歩く学生、友人同士なのか声高に話をしながら歩く学生、気が向かないのかダラダラ歩いている学生、腹が空いていたのか物を食べながら歩いている学生などなど、その様子が私の目に入ってきた。きっと、この学生たちの普段の姿なのであろう。このような学生たちが、合説の会場の中では企業の採用担当者の前で、自分をよく見せようと振る舞うのだろうと内心笑いが込み上げてきた。

就職活動時には、学生たちの行動・態度・言動そのものに普段の生活態度が表れる。だらしのない締まりのない生活をしていればだらしない態度が、言葉遣いが乱れた生活をしていればそれが言動の節々に、目的も目標もない優柔不断な生活をしていけばそれが表情に、ものの見事に表れる。

それは、面接試験対策のために一時的に覚える就活マナーでは補いきれない。一時的な対策を講じても、それが普段の生活に落とし込まれていなければ本末転倒なのである。

早期内定・複数内定を誇示する学生
「複数内定を勝ち取ることが目的となった就活の結末」

この学生は、就職活動を早めに始め、解禁月の3月内に3社から内定をもらっていた。彼は早期にしかも複数社から内定を受けていたため、自信に満ち溢れていた。

彼に問うた。「すでに複数内定していることは実に素晴らしいことであるが、その3社の内どこの企業に入社したいのか？」

その学生は、「まだわかりません。今後受けられる限り企業の採用試験に挑戦し、内定を獲得してから、親や家族と相談して決めたいと思います」と答えた。

「では、自分がしっかりと希望する企業がない状態で採用試験を受け、内定した企業から最終的に選択していくということだね」。私がそのように聞き返すと「そうです」という回答が返ってきた。

彼にやや強い口調でこう指摘した。「あなたの就職活動は内定を早いうちに何社獲得できるかが目的になっている。企業にとっては大変迷惑な話である。ましてや、確たる志望する企業もなくただ採用試験を受けまくり、内定したことを誇示していることは、あなた自身の未熟な人間性をさらけ出しているのと同じこと。3社に内定しても10社に内定しても、入社する先はたった1社。自ら内定を断ることを想像してみなさい。どのように断る気か。家庭の事情でとか曖昧な表現で断るなど言語道断である。複数内定した結果、最終的に迷惑をかけるのは、相手の企業と、あなたが内定したがためにその企業に本当に入社したかったが落とされてしまったあなたと同じ就活生たちだ。そのようなことをあなたは考えたことがあるのか。くしくもあなたはあなたが通っている大学の看板を背負って就職活動をしている。その大学や後輩たちにも迷惑がかかることにもなるのだ。襟を正せ」と。

この学生は自分のことしか考えていなかったことを猛省した様子であった。その後、彼は複数内定した企業の1社に入社したが、半年後にその会社を辞めたことは後から聞こえてきた話である。

焦りが増幅し判断ミス！　内定していても就活を継続する学生
「コロナを言い訳にした薄っぺらな就職活動」

他社に内定しても、就職活動の足を止めない学生が、このコロナ禍では急増した感がある。オンライン採用活動が主流であった２０２０〜21年は就活生も大変な思いをしたであろう。

自分の目指す会社の関係者とはオンラインでの面談、会社そのものを直接見たわけでもなく、会社内の雰囲気を摑めないまま採用試験に突入。結果は内定。しかし、そこから不安が始まる。本当にこの会社に入社してよいのかどうか不安になる。不安になるから、まだ他に良い会社があるのではないかと思い込む。だから内定をもらっても就職活動は続けるのである。

ある日、まさにこのような学生と面談した。彼女は大手の派遣会社に内定していたにもかかわらず、当社を訪れたのである。詳しく聞くと、派遣会社で働くこと自体に不安があるという。「では何故、その不安に思う派遣会社の試験を受けたのか」そのように尋ねると「このコロナ禍の就活で焦りが生じ、早く1社でも内定を取っておかないといけないと思ったから」と返答。

彼女はその派遣会社から会社や仕事の内容の説明を受けたものの、あまり理解せずに安易に試験を受けてしまったというのが事の成り行き。将来、何をしたいのかを質問したところ「事務職」とのこと。つまり彼女は、事務職であれば派遣会社でも業種業界を問わずどんな会社でもよい程度の考えでいることがわかった。

その「事務職」を希望している理由も「会計学を学んだから」「外向きの性格でないから」「人をサポートするのに関心があるから」等々、非常に薄っぺらなものであった。

コロナ禍以前の問題であるが、コロナのお陰で、彼女は焦り、追い込まれ、本当に目指す方向を判断できず、自分自身を見失ったことは確かである。

しかし、それは言い訳にしかすぎない。自身の考えなき就職活動の終焉は結果が出ないこと。就職活動は自分自身の考え方一つで決まるのである。

採用試験が不合格でも再チャレンジした志高い学生
「たかが1回の不採用通知で諦めるのか？」

就活生たちのほとんどは、「御社が第1志望です」と言う。そう言わないと内定がもらえないということの裏返しでもあるのだが。

しかし、その会社が本当に好きでたまらなく、どうしてもその会社に入社したい、そこで自分の将来の理想を実現したいという気持ちが確かなものであれば、その会社の採用試験が不合格という結果だけですぐに諦めてしまえるものであろうか。

私が以前勤めていた会社では、当社の採用試験が不合格であったにもかかわらず、再チャレンジして内定を勝ち取った学生が過去に2名いた。

その一人であった男子学生は、採用試験がだめであったことを知っても、何度も何度も当社を訪ね、自分の胸の内を語り、その本気度は彼の眼をみれば一目瞭然であった。その本気度を信じ、結果的には内定という結果に至ったのである。

もう一人は女子学生で短大生。彼女も当社の採用試験を受けて不合格。よほど悔しかったのであろう、彼女は短大を卒業後、情報系の専門学校に入学してＩＴの専門知識を学び、不合格から2年後、再度当社の採用試験にチャレンジしたのである。この彼女の当社に対する本気度は確かなもの。そうでなければ、短大を卒業して専門学校に入りなおしてまで当社にチャレンジすることなどできない。無論、彼女は一発合格であり、現在も意欲的に仕事をしている。

潔く諦めるのも選択肢であるが、本当に心の芯からその会社に入りたいのであれば、たかが一度きりの試験結果で諦めず、再度チャレンジする勇気も必要なのではないか。そのような本気度の高い人材を求めている企業も少なくない。再チャレンジしても失うものは少ないはずだから。

就職活動のステージ以外でも行動する学生
「志が全てを可能にする！」

過去にこのような学生と遭遇した。

彼女は県内の短大生で、私とはこの短大の学内での合同企業説明会で知り合った。その後、私が参加している各企業の経営者クラスが集うセミナーに彼女は突然現れた。聞くと、関心があれば誰でも参加可能なこのセミナーがあることを知り、参加したのだ、と言う。さらに聞くと「私は就活生なので、県内のいろいろな経営者の方々のお話を聴きたかったのです」という回答が返ってきた。

ある日、某団体が主催する懇親会が行われ、それに出席した際に、その会場でアルバイトスタッフとして働いていた彼女は、私を見るなり足早に近づき、満面の笑顔で「先日は大変お世話になりありがとうございました」と一礼。彼女の仕事振りはなかなかのもので、数百名が集う会場でのお客様への気配りある応対が実に新鮮であったことを記憶している。彼女は多くのお客様と出会い、その中から社会人としてのマナーや言葉遣いなどを学び取り、それを学校生活や先々の家庭生活に落とし込んでいったのである。

このように、就職活動とは就活の場だけではなく、自身の志があれば、どのようなところでも可能であり、その積み重ねが就職活動を成就させることを彼女は行動で示したのである。

彼女は、当社の採用試験を受け内定。その後の仕事振りは実に見事なものであり、お客様からも社員たちからも大変慕われている中で、結婚して他県に住むこととなったため、5年後に退職した。彼女の送別会には、当社史上初めて、全社員が参加した。それだけ彼女は多くの人々から慕われていたのである。そして今、幸せな家庭を築いている。

合同企業説明会の裏側事情

「いつの時代においても就職活動の基本は人と会うこと」

コロナ禍により2020年から対面での合同企業説明会が激減したが、今後はこれまでと同様にリアル合説が増えてくるであろう。

この合同企業説明会であるが、主催者側はいろいろな工夫をして学生の誘致に努力している。そのような合説に参加する学生を見ていると、主体的に動く学生とそうでない学生で二極化している。

これら合説イベントは、あらかじめどのような企業が参加するのか告知されているわけであるから、就活生は関心のある企業をリストアップし、どのような仕事をしているかなどを事前に調べて臨むと、当日会場の中で迷いなく、効率的かつ質の高い、的を射た就職活動が実現できるはず。主体性のある学生は、そういうところをしっかりと実践しているのである。

就活生は、会場の中ではそれなりに緊張感をもって、それなりの姿勢で各社のブースを回って情報収集している。一方、会場の外ではどうであろうか。私はそのようなところも見ている。

友人とタメ語を使いながら企業を評価している学生や、どのブースに行こうかと自分で決められずウロウロしている学生、せっかく合説に参加したのに1～2社の説明を聞いただけで帰宅の途に就く学生、参加企業の会社案内パンフをたくさん手にしてそれだけを見ている学生、嫌々な気持ちで就活をしているのか周りとしゃべりながらダラダラ歩いている学生等々、会場の外ではいろいろな現象が見られる。得てしてこのような就活生には覇気がない。覇気がないから行動に磨きがかからない。

合同企業説明会は企業と学生の縁との出会いの場である。この縁を自ら断ち切る学生や縁を縁と知らずにいる学生、縁を持とうとしない学生が多いのも事実。これらを企業側はしっかりと見ているのである。

Z世代の若者たちは、超便利で溢れんばかりの情報の中で育ってきた。LINEというツールを使い「友だち」も多く、その繋がりを大切にしている一方、人と人との直接的なコミュニケーション形成を苦手とする若者も実に多い。ネットやＬＩＮＥでは発言できるが、直接会話が不得手。

ネットやＳＮＳで瞬時に情報を手に入れ、何でも知っているような気分になる時代。しかし、そのようなツールで収集する情報はあくまでも単なる情報であって、真の「知識」ではない。この「知識」が薄っぺらで断片的であるがゆえに「知恵」・「教養」にまで至らず、自分自身に「自信」が持てない。そんな自分の弱さを他人に悟られたくないので、喜怒哀楽の「表情」がなく、必要最低限のことしか言わない。

今、コロナ禍で多くの日本人がマスクを着用している。マスクをかけているお陰で、表情がわかりにくくなっている状態を心地よく感じている若者も企業人も少なくないはずだ。

「縁づくり」は学生のみならず、大人社会でも重要なことであり、そこに気づく豊かな人間性を持ち合わせるには、多くの人との出会いが必至である。

「縁づくり」に学生・若者・企業人といった括りはない。就職活動の基本は人と会うこと。この基本はいつの時代でも不変である。

外国人就活生と日本人就活生との大きな差異
「外国人学生は日本人学生を笑っている!」

日本人の就活生は、就職活動の本番を迎えても、自分が将来どんな仕事をしていきたいのかわからず、ゆえに様々な業種業界の様々な企業にアプローチしていく。これは決して悪いことではないが、いつまでもこのような状態で就職活動を続けていては焦点が絞られず、企業側から見れば、この学生はいったい何をしたいのかわからないという評価に繋がっていくのが一般的である。まさにこれは、なかなか内定がもらえない就活生の典型的なパターンでもあるのだ。

また、自己分析の結果、自分の適性から判断して、男女を問わず「事務職」を希望する学生も多い。なぜ事務職かと面談で尋ねると「自分は人と接するのがあまり得意ではなく、人を支えるような仕事をしていきたい」とおおかたの学生はこう回答してくる。このような学生もなかなか内定はもらえない。

事務職だからこそコミュニケーションスキルも求められるし、人と絡み、人に配慮しながら仕事をしていかなければならない。最初から自己否定している者が、人を支えられるわけがないのである。

一方、外国人の学生たちに共通していることは、「将来のビジョン・目的」をしっかり持っていることだ。ここが日本人学生と決定的に違うところである。

これまで、国籍を問わず多くの外国人学生と面談してきたが、彼ら彼女らにはある意味での必死さと覚悟がある。遠い国から親や家族と離れ、言葉も文化・風習も異なる異国の地で学び働くという意思は、平和的で安定志向の強い日本人学生とは比べものにならない。目的がはっきりあるからこそ、それを実現させるための具体的目標を持って彼らは日本に来ているのだ。

仕事もプライベートも充実させたい。転勤もしたくない。安定して働き生活したい。けれど社会に貢献していきたい。このような欲張りな日本人学生を、外国人学生たちは冷ややかな目で見ているであろう。「そんな甘い考えでは世界に通用しないよ！」と。

自分に都合の良い条件を満たす企業はない現実
「割り切った考え方では物事は成就しない」

関心がある好きな仕事があるのか。

社会貢献ができるのか。

自分がどのように成長できるのか。

残業や休日はどれだけあるのか。

オンとオフが切り替えできるのか。

余裕を持った働き方ができるのか。

等々学生が企業を選択する物差しはその学生によって異なる。ここで共通しているのは、大半は自分の都合である。

企業選びには確かにどれも重要な要素であることは間違いない。しかし一方、学生たちは、公務員は社会に奉仕することが大きな役割で社会や地域に多大に貢献しているが、民間企業は自社の利益を追求しているだけという考えを持つ学生も決して少なくないのが実状である。学生たちが都合よくイメージする企業はどこにもないのだ。

一番大事なことが欠落しているような感じを受ける。その会社が本心から好きなのか、好きであれば、関心がない仕事も嫌な仕事もやってのけ、その結果、自分がイメージするような仕事ができるようになる。そのようになればますます働きがいを感じ、さらに自分を成長させ、自分以外の多くの人々に信頼と喜びを与えるような影響力のある人間となっていくのである。

それは好きな仕事をしているだけでは、あるいは、仕事は仕事でプライベートはプライベートでという割り切った考え方では成就はしない。そのようなことを多くの学生に言い続けている。学生からの反論もあるし反感もある。

しかし、それで良いのである。彼ら彼女らが本当に入りたいという職場を見つけ、仕事を通じて真の幸福が得られれば。

地方出身学生と首都圏出身学生の傾向の違い

「地方出身学生は農耕型、首都圏出身学生は狩猟型?」

毎年、地元に就職を希望する就活生や、首都圏を含めた他県出身の就活生と面談したり合説会場で話をしたりするが、そこには決定的な違いが存在する。一言でいうと、地元就職を希望する学生は「農耕型」で、他県特に首都圏の就活生は「狩猟型」の傾向がある。

地方出身者で、その自身の地元に就職を希望する学生の傾向をみると次のとおりである。

真面目である=おとなしい=自己主張が苦手
安定志向である=変化を望まない=変化を嫌う=現状維持
平和的である=戦うことを望まない=チャレンジ精神希薄

人間志向である＝やさしい＝打たれ弱い
素直で思いやりがある＝周りに翻弄される＝芯がない

それに比べ、首都圏の就活生たちは真逆とは言わないが、競争意識が高く、挑戦意欲・行動力・自己肯定力が地方出身者より高い。

地方出身の就活生たちの多くは自分自身の強み（長所）をPRする。それはそれで結構であるが、その内容を裏付けできるような根拠に乏しく、自信が感じられないことが多い。

よく学生たちに言うことであるが、「企業も人も必ず強みと弱みが存在する。心から強みと思っていないとその強みは弱みにすぐ変わる。強みを言う人間はそれを最大のPR材料と思っているが、弱みを素直に認め、その弱みを強みに変えていくために今どんな努力をしているのか、それこそが自信に繋がり、最大のPRになるのだ」と。

真面目で、安定志向で、平和的で、人志向で、素直で思いやりがあることは素晴らしいことではあるが、それだけで社会貢献・地域貢献はできない。

地方の出身だから地元に就職したい！　育ててくれた地元に恩返しをしたいという薄っぺらな理由は通じないのである。その言葉の裏側には、自宅通勤をして楽をしたい。友人・知人がいるから安心して暮らすことができる云々。地元に就職を希望する真の理由が透けて見えるのだ。

志望理由と動機を取り違えている多くの就活生
「志望理由は未来形、動機は過去形！」

どのような企業も面接試験の際は、就活生に志望理由を聞くであろう。しかし、この志望理由を説明する時に大きな勘違いをしている学生が多いのが現実である。

「なぜ、当社を志望したのですか？　その理由をお聞かせください」との質問に対して、「はい。私は大学時代にアルバイトをしていました。そのアルバイトを通じて責任ある仕事を任せられ、また多くの人と接する機会に恵まれました。そのような体験を通して人と直に接することが楽しくなり、改めて人と接する仕事をしたい、それを通じて地域貢献をしていきたいと思い、御社を志望しました」。おおかた、このような回答が返ってくる。しかも皆、申し合わせたようにワンパターンなのである。

当社に入りたい理由を質問しているのに、全く理由になっていないのである。要は「志望理由は未来形」「志望動機は過去形」であることに気づいていないから話が嚙み合わないのだ。

　就活生自身の将来の理想・ビジョンを自ら実現していくため、その実現が最大限可能な企業を見出し、そして入社し、そこで努力し、元来持っている自分の理想・ビジョンを確実に実現することが、就職活動の目的であり、それこそがその会社に入りたいとする最大の理由である。すなわち志望理由＝未来の実現、未来形なのである。

　一方、その理由形成に至った経緯、つまり動機は全て過去形である。したがって志望動機は、志望理由とは次元が異なるのである。

　この志望動機は、どんな業界でもどこの企業にも通じる。企業側が知りたいのはその企業に入りたいという具体的な「理由」だ。動機を説明しても、それは単なる経緯の説明であって結論ではない。結論がない説明は相手に伝わらないのである。

　学生にいつも言っている、「企業社会は結論が先で、その後に経緯説明するのが常である。就活のステージでは結論が志望理由、経緯説明は志望動機であること。その志望理由を堂々と自信を持って説明するには、自分の将来の理想・ビジョンは何かを明確にし、それを必ず実現するという覚悟と信念を持つことが大事である」と。

地域貢献がしたい、社会貢献がしたい
「志は立派！　しかし中身がなく響かない」

面接の際、地方の就活生たちは、かならずと言ってよいほど「地域貢献」「社会貢献」というキーワードを持ち出す。それは東日本大震災以降、多くの学生たちの、何らかの形で人の役に立ちたいという志向が高まっていったことが背景にあるが、何のために人の役に立ちたいのか、また地域貢献したいのか、そこに具体性はない。

以前、このような学生と出会った。この学生はボランティア活動を積極的に行い、それを誇りとしていた。私は質問した。「あなたは何のためにボランティア活動をしているのですか?」。学生はこう答えた。「自分は人のためになることをすることによって自信がつきました。人のために役立つことを行うことにより、多くの人々からありがとうと感謝されることが私の励みになっています」と。

さらに質問を加えた。「多くの人から感謝され、ありがとうという言葉をもらえる

ことは素晴らしいことです。では、あなたはボランティア活動をしていて、誰からも感謝の言葉を頂戴することもなく、周囲から勝手に作業をしているのだという程度の見方しかされなかったら、それでもボランティアを続けますか？」

これに対して学生は、しばらく無言であったが「感謝の言葉がいただけるからやっている」と答えるのが精一杯であった。

私はこのように付け加えた。「確かにあなたがやっていることは素晴らしいし、喜んでくれる人々もたくさんいるでしょう。しかし、今のあなたは、そのような人々からありがとうという言葉をもらいたいという代償を相手に求めているにすぎないのではないか。そしてそれが、ボランティアをする目的になっているのではないだろうか？」と。

学生の表情が変わった。ボランティアを始めた頃は、ただ困った人々を助けたいという純粋な気持ちでやっていた。しかし、今の自分は自分に都合のいい「代償」をもらうことが目的になっていることに気づいた、その瞬間だった。

褒めて人を成長させるという現代社会ではあるが、「これができたら褒めてください」ということに繋がっていけば、そこにあるのは「しまりのない世界」だけである。

地域貢献・社会貢献という言葉を持ち出すのであれば、「代償」を求めず、それこそ楽しいプライベートも大切にしたいとする若者の風潮がある中で、そのプライベートの時間を「自己犠牲」とする覚悟があるのかどうか。その覚悟もなく地域貢献がしたいという飾り言葉を使っても、何も響かないのである。

地域貢献・社会貢献するということは、就活生がイメージしているほど甘くはないのだ。

礼儀礼節が際立った学生

「人として、当たり前にしたことが内定を導く」

このような学生はこれまで見たことがなかった。この学生は当初、テレビ局などマスコミ関係に絞り込んで就職活動をしていた。たまたま某社が主催する合同企業説明会で当社のブースを訪れたことが、この学生と知り合う切っかけになったのだが、ある日、彼から私に電話がきた。就活に関する相談だった。「これまで早めに就職活動に転じ、各地域のテレビ局を3社ほど受けたが結果は駄目であった。面接も和やかで笑いがあって良い雰囲気であったし、なぜ受からなかったのか、振り返っても答えが見つからない」という内容であった。

まず、すでに提出されたエントリーシートに記入した内容を問うた。「志望理由欄には各社のホームページを見て、それを参考にして書いた」という彼。さらに詳しく尋ねると、おおかたホームページに書いていることをコピーし、ほぼ丸写しのまま記述したことがわかった。それでは受かるはずがないことを指摘。またテレビ局といえども、求める人材は一社一社異なること。単にホームページの言葉を引用しただけで、具体的かつ確固たる志望理由を表現できぬままエントリーシートを提出してしまったことが受からなかった要因の一つであるとして、改善策を彼に進言した。

その内容は実にシンプルなもの。「これから提出するエントリーシートも履歴書も、相手が意外と思うほど、そして他人が表現できない独自な形で書いてみてはどうか。そのためには現場を見ないといけない」と。

そして彼は直ちに実行した。各社が指定したエントリーシート・履歴書とは別に、自身の身体全体を写し出したシートを新たに作成し、頭・顔・腕・胸・腹・足などの部位ごとに自分の特徴や特技・考え方や価値観などを記述し、言ってみれば自分の紹介マップを作るなどの工夫を加えてそれを企業側に提出。

さらに、一社一社のテレビ局の雰囲気や特徴を自分自身で確かめるため、北は北海道から南は千葉・埼玉まで、候補として挙げていた10社ほどの地方局に加え、都内にある番組制作会社数社にも直接会社訪問するなど、行動を大きく変えていったのである。

それが功を奏して、次から次へと一次選考・二次選考を通過し、最終選考に残った企業から続々と内定を得たのだ。

しかし、彼の行動はそれに留まらず、選考が通らなかった企業・試験を受けたが不合格であった企業や選考を辞退した企業に対して、各社に直筆で礼状を書いて送ったのである。

「おかげさまで内定しました。これも御社の関係者の皆様から詳しいお話をお伺いしたり、採用試験を受けさせていただくなど、そのような体験をさせていただいたお陰でございます。本当にありがとうございました。ご縁がございましたら、これからも宜しくお願いいたします」という趣旨の礼状。

このような礼状がもし私の手元に届いたら、何でこのような礼儀礼節・情がある素晴らしい人材を我社は採用しなかったのだろうか、と悔いるであろう。そのことを彼に伝えた。

彼は今、仕事も充実し、結婚して幸せな家庭を築いている。

ＳＰＩ・適性試験の対策を講じて採用試験に臨んだ学生の結末
「対策をとっても面接で矛盾！　突貫工事では通用しない現実」

多くの就活生たちは、企業の採用試験に臨む際、彼ら彼女らなりの対策を講じて臨むのが一般的である。今は、ＩＴ・ＳＮＳの普及に伴い、様々な情報を瞬時に入手することが可能な時代である。そのような中で学生たちは、希望する企業に何としてでも入りたいということで、様々な企業が実施しているＳＰＩ試験や適性試験の情報を得る活動に入る。

それは実に巧みで、〇〇の会社は△△のＳＰＩ試験を実施しているという情報をキャッチすると、そのＳＰＩ試験の詳細情報を入手し、採用試験の対策を講じる。対策を講じて臨むＳＰＩなり適性試験は、学生の理想通り最高評価のＳ評価という結果となり、面接官を驚かせる。

このように、就活生たちは試験情報をあらかじめ入手し、万全な状態で採用試験に臨んでくるのである。

ある時、適性試験で最高ランクS評価ばかり（通信簿で言えばオール5）の就活生の面接を行った。全項目がS評価であったので、私自身も驚きを隠せなかったが、面接が進むうちにこの学生に対して違和感が出てきた。

どうもおかしい。主体性・積極性・活動性向がS評価であったのに、その評価に見合った感じを受けない。論理性やストレス性向など他の項目もS評価であるのに、発言している内容に矛盾があり、視線もオドオドしている。

そしてその学生に尋ねた。「適性試験の結果と今面接しているあなたの姿・表情・態度・発言の内容にずいぶん乖離がある感じを受けるが、何故だろうか？」と。彼は答えた。「SPI・適性試験の傾向を分析し、高評価が出るよう対策を講じてきたのは事実です」。それは予想したとおりの回答内容であった。

私は彼に言った。「いくら対策を講じて高評価を得ても、それは大学受験と同じで、対策した結果にしかすぎない。その結果は突貫工事で作り上げた結果であり、あなたという人間の本質ではない。飾られた結果にあなたの本質がついていってないから、そこに大きなギャップが生じるのだ」

このように対策を講じても、面接ではその化けの皮が剥がれる。就活生の諸君は小手先の対策などせず、ありのままの自分で採用試験に臨んでもらいたい。着飾ってもすぐに見抜かれる。それが面接試験なのである。

なかなか内定がもらえない！

「面接試験で失敗した理由を緊張のせいにする学生たちの共通点」

エントリーをしたが、なかなか通過せず振り落とされる。採用試験を受けても面接試験で失敗し不採用。何社受けても内定通知が来ない。このような就活生も少なくない。

そんな学生たちから「どうしてですかね？」と質問されることがよくある。「そういうことは自分で考えなさい」と言いたいところだが、ついつい答えてしまう。

「エントリーシートを記入する時、提出する先の企業のホームページに記載されていることを単にコピって提出しているだけじゃないの？」

「各社のエントリーシートを何度も書いているうちに、面倒になって、どれも同じようなことを記入にしているのでは？」

「面接試験で緊張して自分の思ったことが言えなかったから不採用だった、と言うけれど、誰もが緊張し、その中でも合格している人がいるのだから、緊張したからなどという理由は理由にならないよ。原因は、もっと別のところにあるのでは？」

と話を切り出すと、学生たちは一様にうなずく。心当たりがありそうだ。学生たちから詳しく話を聞くと、まさに指摘したことが的中。そこで私がよく言うのは「エントリーシートは各社とも違うし、記入する内容も違っていて当たり前。そして、エントリーシートを提出するということは、自分自身を相手に知ってもらう一種のプレゼンテーションでもある。プレゼンテーションとは、相手に気持ちのこもったプレゼントをするという意味合い。とすれば、エントリーシートだって一つ一つ気持ちをこめて書き、相手方に提示することが大事。しかも、そのプレゼントは渡す相手によって違うはず。それを皆、一律同じ内容の同じ品を渡したらどうなるかを想像してもらいたい」。

「面接試験で緊張するのは、どんな人も同じ。面接試験で通らなかった人の言い訳を聞くと、必ずといってよいほど緊張していたからという。実の理由は、自身の中の未熟さにある。心の底からその会社に入りたい！　その会社に入って自分が努力していけば、自分が考えている自身の将来のあるべき姿・理想・ビジョンが必ず実現できると信じ念じていれば、どんな質問がきても堂々と答えられる。そうした緊張感を上回るような、あなた方自身の熱意が足りなかっただけである。緊張のせいなんかじゃない」

ここまで言うと、学生たちの目は輝きを取り戻す。豊かな表情に変わる。行動が変わる。行動が変わったから成果が出始める。成果が出てくると自信も出てくる。就活が楽しくなり、エネルギーが漲る。

第2章　全ての社会人に捧ぐ

己の利益を優先した行動は己自身の人生を壊し、他人を心から敬った行動は他人にも己自身にも健全な繁栄を導く。

学生たちは大人社会を冷静に見ている
「企業人こそ襟を正せ！」

数年前、合同企業説明会に出展するため隣県に出かけた。合説会場に早めに着いたので、缶コーヒーを買い求めて小休憩をしていた際の話である。

実はこの合説会場は様々な企業が入居している複合ビル内にあり、ビルの1階がその従業員たちの共用出入口となっている。この出入口の前には広い休憩スペースがあり、私はそこで休んでいたのである。

朝の9時前であったため、休んでいる私の目の前を出勤するために多く企業人たちが通過していった。そこに元気の良い男性の声が聞こえてきた。この男性、年齢は65歳位であったろうか。このビルの警備員の方で、出勤して来る多くの企業の社員たち一人一人に、帽子を取りながら「おはようございます。おはようございます」と一礼しながら声掛けをしていたのだ。

私が休憩していたのはほんの3～5分程度。この間、数百人の社員たちが挨拶している警備員の前を通過したが、警備員に向かってまともに挨拶をした社員は、頭を軽くペコリと下げた女性社員の二人を除いては皆無。ほとんどが警備員を無視してビルの中に入っていったのである。

この中には企業の社長や管理職、無論、人事で採用を担当している社員たちもいたであろう。「コミュニケーションが大事だ」だの「挨拶が大事だ」だのと学生たちに日頃言っている企業人たちや部下を指導育成している立場の者たちが、警備員に挨拶もできない、しない。実に情けないことである。同じ企業人として恥ずかしい限りである。

当日の合同企業説明会で私は、会社の説明そっちのけで、この体験を多くの学生たちに話した。学生たちもうなずきながら真剣に聴き入っていた。その中には企業社会の矛盾や企業人たちの言っていることと、やっていることが違うことを鋭く指摘する学生もいたのである。学生は大人社会を冷静に見ているのだ。

このような企業人たちは、若き学生に対してどうのこうの言う資格はない。企業人こそ襟を正すべきなのだ。

就活生に演技をさせる大学の就職指導に喝《カツ》！

「学生を過保護にしている大学に一石を投じる！」

「地元で育ち、地元に恩返しをしたい。だから地元に就職し貢献していきたい」と語る学生に「では、どのように恩返しをして、どのように貢献するのか？」と問うと、全く答えが返ってこない。このような学生が大勢いる。

そのような中で、最終面接の質問で「もし、弊社から内定の通知が届いたら、入社しますか？」との問いに「もちろん、必ず入社します！」と力強く返答する学生がいた。そう答える気持ちはわからなくもない。

後日、最終的な意思確認をし、その入社意思が不変であったことから、内定通知書を出した。しかし、提出期限が迫ってもこの学生から内定承諾書が届かなかったため本人に電話したところ、「実は今月末に別の会社の採用試験があるので、その結果を見ないと提出できません」と豹変。

詳しく本人に聴き取ったところ、「たくさんの会社の採用試験を受け、全ての結果（内定）が出てから、時間をかけ熟慮して就職する企業を選びなさいと学校側から指導を受けていますので、そうしています」という答えが返ってきた。

これには怒り心頭。学生よりも学校側の就職指導の在り方に強く疑問を持ったのだ。学生の偽りの意思表明により出した内定通知を取り消す前に、地元の公の機関と相談。何ら問題がないことを確認した上で、この学生の学校と本人に理由を説明した後、内定を取り消すことを申し添え、学校側も本人も応諾。後日、書面にて内定取消通知書を発送したのであった。

人手不足で、しかもなかなか人材が集まらない地方の中小企業では、人の採用が死活問題とされている。学校側の学生に対する安易な就職指導の在り方に一石を投じたのであった。

言っていることとやっていることが違う企業人たちに喝《カッ》！「学生にものを言う資格がない人事担当者たちへの戒め」

　ある大手就職サイトが主催した合同企業説明会に企業として参加した時のこと。午前からの開始でしかも隣県での開催であったため、移動や準備もあり会場には少し早めに着いた。

　出展ブースの準備も整い、あとは学生を迎えるだけになったが、開始時刻までは30分以上時間があった。主催者側のスタッフから「各企業の人事担当者の皆さんに休憩室をご用意しております。お茶なども準備しておりますので、どうぞご利用ください」とのアナウンスがあり、喉もそろそろ渇いてきたのでお茶をご馳走になるため、その休憩室に向かった。

　ドアをノックして入室すると、そこには7～8人の他社の人事担当者たちが新聞を読んでいたり、お茶を飲んでいたり、知り合いなのか談笑したりしていた。

そこには複数の人たちがいる上、午前という時間帯から、私は「おはようございます」と元気な声で入室した。このようなことは社会人としては当たり前のことではあるのだが。

さて、そのような形で部屋へ入ったところ、新聞を読んでいる者は、チラッと私の方を見てまた新聞を読み始め、お茶を飲んでいる者も飲みながら目だけこちらに向け、談笑している者たちは一瞬会話をやめ、やはりこちらをチラ見。おはようございますも軽いお辞儀もない。

私は主催者側のスタッフを呼び出して大きな声で「ここは本当に人事担当者たちの休憩室？　こちらが挨拶しても一切挨拶もしないので、間違って入ったのかなと思ったのですが」と言い、スタッフは「いいえ、大丈夫です。ここは人事担当の皆さんの休憩室です」と即答。すかさず私は「えっ？　挨拶しても誰も挨拶しないので、学生に指導・アドバイスをする人事担当者ではないと思ったものですから……」。スタッフは「………」絶句。

そのやりとりを見ていた部屋にいた人事担当者たちは、バツが悪いのか、頭をペコペコ下げながらそそくさとその部屋から出て行ったのが印象的であった。

このエピソードは反面教師の例として現在でも就活生たちに伝えている。人事担当の仮面をかぶったこれら企業人たちには、学生たちをどうのこうのという資格はない。

5時間待たされて説明を聞くことができた企業がたった1社?
「怒りを覚えた首都圏での大規模合同企業説明会の在り方」

ずいぶん前の話になるが、ある大手就職サイト主催の大規模な合同企業説明会が首都圏で行われることになり、その見学に行った時であった。

会場が所在する駅に降り立ったところ、リクルートスーツを着込んだ学生たちで混雑していた。驚くことに、学生たちの列は駅からだいぶ離れた会場まで続いていた。会場に入る前に、先頭に並んでいた学生たちに「いつから並んでいるの?」と尋ねたところ、すでに3~4時間は経っているとの返答。

さらに会場内に入ると入口部分から三重・四重にも蜷局《とぐろ》を巻く形で多くの学生が、合説が行われている会場の前に並んでいたのだ。

見学が終わり会場を後にする際、近くにいた学生に聞いてみた。「何時間待って何社位のブースを訪問したの?」。するとその学生は「結局会場に入るまで4時間、そして会場入口から合説会場内に入るまで1時間で計5時間。しかも予約が必要なことを知らなかったので、1社しか説明を聴くことができませんでした」と。

さらに質問すると「まだ合説の時間が終わってないことは知っていますが、これから地元の北海道に戻らなければならず、今出ないとその電車に間に合いませんので」との答えが返ってきた。

この学生は、合説開催日の前日に北海道から上京してホテルに一泊。翌日、合説に参加するものの待ち時間が5時間。ようやく合説会場に入れても事前予約がないと説明が聴けない企業が多数あり、結局、時間とお金をかけて苦労して合説に参加したが、企業の説明が受けられたのはたった1社のみ。肩を落として帰る学生の後ろ姿に、合説の運営会社への強い怒りを感じた。

後日、これらのことを主催者側の関係者に伝えた。企業主導の合説運営から、学生の視点に立った学生のための合説運営に、と強く申し添えたのである。

主体的な行動でこそチャンスをつかみ取ることができる
「受け身の会社には受け身の人材しか集まらない！」

コロナ感染が国内でも大きな問題としてとりあげられる直前の2020年の2月の頃であったろうか、ある日本人学生と外国人学生に出会った。彼らは共に就職活動中で精力的に動いていた。二人とも就職活動を早期に始め、私が参加する合同企業説明会で度々会っていたという経緯がある。

3月に入り、コロナ禍という未だかつて経験したことがない次元に突入し、各地での開催が予定されていた合同企業説明会も中止が相次いだ。テレワークとかオンラインの活用などがまだまだ普及しておらず、学生も企業も困惑し、就職活動も採用活動も低迷したことは記憶に新しい。

そのような中でも、この二人の早めの就職活動と、コロナ禍以降もその行動のスピードを弱めることなく自ら積極的に動いたことが、弊社の内定に繋がったことは言うまでもない。彼らに共通することは、自らの考えに基づき自発的に行動することと、返事のスピードである。名前を呼べば、僅か0・2秒で元気よく「はい！」と跳ね返ってくる。これはその人が持つ積極性の表れであり、またそこには誠実さ・謙虚さ・素直さが混在する。ベテランの社会人にもできないことを彼らはやり続けているからこそ、日々の仕事をしていても、自ら考え自ら仕事を見出し、正確にスピーディーにやってのける。だから周囲からの信頼も厚く、彼らにはさらに仕事が集まり、大変忙しい。それを任せられる器と技量が彼らにはある。

よく企業関係者は言う。「今どきの若者は受け身で与えられたことしかしない」……とんでもない。受け身で保身的なのは、そのように言う企業人の方である。自分で考え自発的に行動するように教育をしたのか、教育したにせよそれを徹底してやったのか。全ては企業の責任であり、経営者の責任でもある。

受け身で主体性がなく与えられたことしかしない人材を採用したのは、その企業である。若者に責任はない。

今どきの若者こそがこれからの日本を創生していくのである。この若者の発想力・

発信力には実に素晴らしいものがある。そのような若者・学生の人生を背負っているのは、採用最前線に立っている担当者なのである。だからこそ採用担当者は、若者に、学生に、企業にとって都合の良いことだけを伝えるような無責任な説明をしてはならない。

就活生たちは、夢の持てない企業人から夢を持てと言われる。学生の感性は高く鋭い。夢を持たない企業人を見て就活生はどのように思っているのか、企業人たちは今一度、自身の行動を振り返ってみることが必要である。

辞退者を見込んだ内定出しの罪

「『だろう採用』は求職者・求人者ともに不幸を招く」

内定辞退をする学生を見込んで、採用定員より多めに内定を出す企業も多い。業界やその企業の環境などもあり、致し方ないことではあるものの、このような採用活動でよいのか疑問を持った事例と遭遇したことがある。

当初の思惑に反して、内定した学生で辞退する学生がおらず、定員よりもはるかに多くの学生を採用することになってしまった某企業。入社してからしばらくして続々と辞めていき、結果的には採用定員を下回る水準までになり、頭を抱えた人事担当者と話す機会があった。

私は彼に言った。「内定辞退を見込んだ内定出しが、結局は会社にとっても、入社した当時の学生たちにとっても、プラスにはならなかった。会社側は本当に必要とする人材のみに内定通知を出すべきで、辞退者が出るだろうという『だろう採用』は、お互いに悲劇を招く。辞退を招かないような採用をするのが人事採用担当者の力量である」。彼は深くうなずいた。

辞退者が出るかもしれないから定員よりも多めに内定者を確保するといった行為の裏側にあるのは、人材採用に対する企業側の妥協にほかならない。予防措置的な内定出しは、自社の求める人材のハードルを下げて「妥協」した人選びの温床となる。

そのようになれば、当然ながら自社のベクトルと合致しない人材も紛れ込んでくる。これがプラスに働けばよいのだが、おおかたはマイナスの方向に傾く。しっかりとした盤石な考え方と価値観が社内に浸透している企業なら、このマイナス要素を吸収することができるが、そうでない企業では、この一つのマイナス要素が社内にじわりじわりと拡散していき、やがて離職者を量産していくことになる。

結果的に、人材を採用した企業も、その企業の妥協で内定し入社した学生や若者も、互いに不幸になる。その切っ掛けをつくった企業の責任は重い。

家庭内で整合性がとれていない就活生の悲惨な結末
「親の一言が子の人生を狂わす」

私は、20年前から就活生の保護者にも就活の在り方を学ぶ機会が必要だと主張し続けてきたが、最近、そのような保護者向けのセミナーが各地で開催されるようになったことを大変喜ばしいと感じている一人である。

保護者向けに、就職活動に関する勉強会が必要であると認識したのには理由がある。それは就職活動の中盤から終盤における就活生の悲劇を、毎年のようにまのあたりにするからだ。

地方出身の都内の大学生が首都圏を中心に就職活動をして内定を勝ち取った。その学生たちが内定の喜びを親に伝えたところから、悲劇が生まれる。親は喜ぶどころか「首都圏ではなく地元で就職しなさい！」という一言で、就活生たちを悩ませる。

ようやく内定した企業に見切りをつけ、就職活動の場を首都圏から地元に移して就活を再スタート。しかし、もはや就職活動も中盤戦に。この時点ではいくら地方でも、多くの企業は採用活動自体が収束している時期でもあり、再スタートしたものの地元企業からはなかなか内定がもらえず、意気消沈している就活生たちが少なくない。

保護者が自身の子どもを心配するのは当たり前のことではあるし、家庭にはその家庭なりの事情もあるであろう。しかし、親の一言が子に与える影響は大きい。その一言で、地元の企業に入社したものの長く続かず辞めていく若者が非常に多いのも現実である。

昨年、コロナ禍で出会った首都圏の男子学生もその一人であった。何のために誰のために就職活動をしているのか、彼自身さえもわからず、一人で悩みもがき苦しんでいることが手に取るようにわかった。

就活生は、本格的な就職活動に入る前に、自身の将来に対する考えと親・家族の考えのベクトルがどこを向いているのかをすり合わせて合意形成しておくことが大事。その合意形成があるかないかで、就職活動の軸が揺るぎないものになるかどうかが決まるといってもよい。

崩壊した就活ルールとインターンシップ「企業の罠にあっさりとはまる学生たちにエール」

今、就活ルールが形骸化し、ルールがあってないような状況の中で、学生たちが本格的な就職活動をする前に、まずはインターンシップに参加して企業を知ることが主流となっており、それが就職活動の時期を早めているという実態がある。

しかし、企業を知るだけならばいざ知らず、多くの企業はインターンシップを採用のツールとして捉え、あの手この手を使って学生たちの囲い込みに躍起になっている。インターンシップがそのような目的となっていること自体、本来の目的から逸れており本末転倒なのだが、学生もインターンシップに参加しないと就活が不利になるのではないかという強迫観念を抱き、まんまと企業側の罠にはまる。

また、大学側もインターンシップへの参加を推奨し、キャリア授業の一環として単位取得の対象としているところがある。

多くの学生はそのような様々な企業が主催するインターンシップに積極的に数多く参加しているが、いざ彼ら彼女らに問うと、自分が将来何をしたいのか、それさえもわからない就活生が非常に多いという現実に突き当たる。

これは、学生たちにもインターンシップに参加する目的がすでに形骸化している証である。このような学生には、インターンシップでの学びや体験が生きていないに等しい。

一方、企業側もインターンシップと称して事実上の会社説明会を行い、自社のＰＲや採用活動の延長として学生を受け入れるだけのところも未だに多い。したがって、インターンシップを信仰する学生にとっては企業の情報収集には繋がるが、自身の就職観や社会力を身につけることなく本格的な就職活動に突入していくパターンが多く見受けられるというのが現実である。

インターンシップ以上に就活生にとって重要な合同企業説明会は、確かに企業にとっては会社のＰＲのツールであり学生との出会いの場であるが、その内容を見ると、自社のホームページに掲載されている内容や仕事の内容を巧みな専門用語を使って学生に説明している域に留まっている企業も少なくない。学生にとってそれは、大変退屈な時間であろう。

それを裏付けるかのように、昨今の合同企業説明会に参加する学生は激減している。その一因として、企業側のプレゼン力に問題があり、それを学生たちは見抜いていて、企業の説明にうんざりしているのである。

時間を有効に使いたい今のZ世代の学生たちは、そのようなことに時間を費やすことに価値を見出さず、自分のお気に入りの企業を検索して、そこに十分な時間をかけて個別に動いているのが実状なのだ。

そのような学生の動き方に企業側は眉をひそめ、今どきの就活生たちは合同企業説明会にも来ず、行動力がないなどと批評する。陰で学生たちが笑っているとも知らず。

さて、企業は合説で多くの学生と出会うわけであるから、企業の採用担当者は、学生たちがその会場に足を運んで何を感じ取っているのかを、鋭く瞬時に見抜く必要がある。と同時に、社会人として右も左もわからない学生に対し、就職観と社会観を醸成していく行動も求められる。

合説とは、その企業を代表している採用担当者の社会人・企業人としての体験披露の場そのものなのである。自社のPRだけでは学生たちには伝わらない。そのような行動の積み重ねが足腰の強い採用活動に結びつき、学生からの信頼も高まるのである。改めて就活生たちにエールを送りたい。企業の言いなりにはなるな！と。

合説で学生が集まらないと嘆く企業も多い。その原因は業界や学生側にあるのではなく、その企業の内にあるということである。

学校に行けば学生たちの本質がわかる
「学校の現場を見ずに真の採用活動はできない！」

企業と学生がミスマッチを起こさないためには、学校側との深い繋がりが必要である。

企業が求める人材や企業の特徴などをしっかりと学内に浸透させ、それに沿った学生のみを採用することによりミスマッチは防げる。企業も学生も学校も幸福になれるのだ。

それには、頻繁に学校を訪問し、学校との関係をより緊密にしていくことが重要である。また、学校に直接赴けば、学生たちの日頃の実態が見られるし、学生たちの本音も知ることができるのである。さらには、その学校の校風・教育方針と教職員や学生たちの質が合致しているのかも知り得る。これは大変重要な情報である。

例えば、学生にしっかりとした就職指導を行っており、指導する教職員側にも燃えるような熱意がある、そのような大学の就活生たちの言語力・行動力は高い。一方、「うちの学生たちは大人しくて、もう少し積極性を出してもらえれば」とある種の謙遜も入っているのだろうが、自校の学生に自信を持てずにいる教職員もいる。予想通り、この大学の就活生たちの行動力には弱さや迷いを感じる。

共通しているのは、就活生の質は指導者の考え方一つで決まるということだ。自校の学生たちに愛情を持って、時に厳しく、常に情熱を持って指導しているのとそうでない指導では雲泥の差が生じる。

まさに、親の行動や考え方を鏡に映し出すように子が演じるのと同じように、就活生たちも、自分たちを心から見守ってくれる指導者の期待に応えようとする。それは、しっかりとした学生と教職員間の厚い信頼がそうさせるのである。

採用活動はＩＴ化されＳＮＳも活用されるなど効率化が進み、一方では情報が多様化し実態が見極めづらい世の中になってきたが、採用活動の基本は人と直接会うことにある。この手間と時間を惜しむような採用活動は、やがて大きな負の代償となって降りかかってくる。

就職活動もまた同じ。大手就職サイトやＳＮＳに依存した就活は自分自身を迷わし、軸のない就活となり、入社後に大きな代償となり自分に降りかかってくる。活動を通じて自己成長するのが就職活動である。楽な方向にいけば成長はしない。企業も学生も皆同じ。

親は子に自分の生き様を伝えることが最高のアドバイス

「親の安定志向が子にのりうつる！　子は親の考えを映し出す鏡」

これまでに、就活生を子に持つ保護者を対象とした就活セミナーの講師として、何度かお話をさせていただく機会があった。

私は以前から、学生たちの就職観や社会観を醸成し就活スキルを高めていくことも大事ではあるが、就活生たちの親が自身の子どもとどのように向き合い、親として子の就職に対する考え方がどうであるのか、むしろそちらの方が重要だと捉え、大学を含めた高等教育機関や行政関係者に、学生の保護者に対する就活教育の重要性を訴えかけてきた。

近年は、その保護者を対象とした勉強会が各地域で行われていてうれしい限りであるが、まだまだ浸透しきれていないのが現実である。

そのような中で、よく保護者の方から質問や相談を受ける内容が、

①親自身が就職活動していた時代と現在とでは大きく環境が違い、子へのアドバイスがなかなかできない。どのようにしたら的確なアドバイスができるのか。

②就職は全て子の意思に任せており、子が関心を持っている職業に就ければそれでよい。

③子から、どのような職業に就いたらよいかという相談を受けるが、なかなかはっきりしたことが言えない。自分が好きな道に進みなさい、と言うのが精一杯。

などなど。

いろいろなお話を聴かせていただく中で感じることは、子の就職を心配しながらも、具体的なアドバイスができずに悩まれている保護者と、子の意思に全てを任せ、子の就職についてはほとんど関与していない保護者に大別されること。

私はこのよう方々に「アドバイスしようとするのではなく、ご自身の社会体験を話されてはいかがですか?」「子どもさんの意思を尊重することは大切なことですが、では、その子どもさんがどんな職業に就いてもよろしいのですね。子どもさんが、もし、フリーランスだとか、ユーチューバーであるとか、そのような形で働きたいと言っても反対はしないのですね？」と逆に質問をするケースもあった。

おおかたの保護者からは「自分の社会体験って、どういうこと？」「いやいや、それでは困る。子には安定した職業に就いてもらいたい」という答えが返ってくる。

確かに保護者の方々が就職活動をしていた時代と、インターネットやＳＮＳ・大手就職サイトをフル活用している現代の就職活動とでは大きな違いがあることであろう。しかし、だからといって、就職活動の基本が変わったわけではない。今も昔も〝人と会い生きた情報を収集する〟〝会社訪問し、その会社の雰囲気を自分の目で確かめる〟などといった就活の基本は、保護者が就職活動していた当時と何ら変わらないのである。

そこが重要なのである。保護者自身が当時就職活動をしていた時、どんな思いで取り組んでいたのか、就職先が決まり、そこに入社した後、自身が自身の仕事に対してどのように向き合い、そこでどのような働きがいを感じられたのか、苦労したことは、など働く喜び・働く厳しさという保護者が自ら体験したことを子に伝えることこそが、最大のアドバイスなのである。

また、子の就職に際し、子の意思を尊重するのは大いに結構ではあるが、尊重するという裏側には「もし親として間違ったアドバイスをしたら」「へんに口出しをして、いざ就職してもすぐに辞めるようなことがあれば、子どもから親のせいにされてしまうのではないか」などという親の保身や自信のなさがあるかもしれない。

それぞれの家庭の価値観は違うわけであり、どれが良くてどれが悪いとは言えないし、言うべきものでもない。しかし、今、国内世帯の多くは共働き世帯であり男女を問わず日々働いている中で、保護者自身が本当に今の職場や仕事に誇りを持ち、使命感や働きがい・やりがいをもって職場生活を営んでいるとすれば、一人の企業人として、社会人として、大人として、親として、就活生である我が子に対して力強いアドバイスができるはずなのである。私はそのように確信している。

地方にいけばいくほど二世帯・三世帯同居率が高まる。先祖代々継承されてきた土地や建物・お墓等々があり、これからもそれを継承していかなければならない事情がある家庭も少なくない。首都圏の大学に進学した子には卒業したら地元で働いてもらいたい。そのためにも安定した先へ就職してほしいと願うのは、親として切なる希望だろうと思う。そしてそのようにするために、我が子がそれこそ子どもの頃から地元で就職することを教え込む。その子たちも、親の希望や期待を裏切らないようにと地方での就職を考え、公務員や銀行、あるいは地元でも名の通った企業への就職をと安定路線を選択していく。「首都圏で就職して一人暮らしをするよりも、親と一緒に住めば自分は楽だし、安心」という気持ちもどこかにあり、安定志向がさらにヒートアップしていく。

就活生になった子たちは、企業に対してそのような事情は話せないので、ついつい信憑性のない「地元や地域に貢献したい」「育ててくれた地元に恩返しをしたい」というキーワードを使って表現する。

実は、その子たちの中には、自分でも意識しないうちに「もっと別にやりたいことがある。もっと自分に合う職業があるのでは。本当に親の言うとおりの人生でよいのか」という気持ちを腹の奥底に持っている子たちも多いのが現実なのだ。しかし、それに親は気づかない。

親の言うことを聞いて、地元に就職し、親と一緒に暮らし、そこから毎日通勤する姿を見ていたご近所さんから、「あなたのお子さんは本当に親孝行ね」と言われ、親は微笑み、心は有頂天になる。まさに我が子の成長に、親自らがブレーキをかけることになってしまうのだ。

それが連鎖反応を起こす。子は親の考えを映し出す鏡だからである。親が安定した楽な生き方をしていれば、その子どもたちも同じ考えで同じ道をたどる。だから、地方の発展は低速なのだと強く感じる昨今である。

一方、地方で加速する少子高齢化の中で核家族化が進み、家業を継ぐ・先祖代々からの財産を受け継ぐなど、すでにそのような時代ではなくなり、家庭も企業もその継承者不足で頭を抱えているのが現状だ。現に地方の中においては、人口は減り続けているが世帯数が増えている地域もある。これはまさに核家族化がさらに進行している証でもある。

そのような状況の中で、子どもの主体性や意思を尊重し、いろいろな体験をしてもらいたいと親は願い、子の意向を受け入れる。そのように地方から首都圏に就職した子どもたちは、都会の魅力にとりつかれ、やがては家庭を持ち都会に定住する。

また、その真逆もある。満員電車で毎日数時間かけての通勤、都会で生活することの便利さの裏側にある厳しさ、イメージとは違うハードな働き方、そうこうしているうちに人間関係がうまくいかず孤立していくなど、結局心身ともに疲れ果てて故郷に戻ってくる子たちも少なくない。

人生の進路を決めていく際は、親も子もない。お互いが本音で語り合うことからスタートである。

合同企業説明会で自社の都合だけを優先する企業

「熱意の出し方を間違った企業の罪」

以前、目を疑うような企業と出会った。時はコロナ禍の前、場所は合同企業説明会の会場の中である。

その会社は、私がいる隣のブースで、訪れる学生に対応していた。あまりにも賑やかなブースであったので覗いてみると、そのブース内には二人の学生が着座しており、それを囲むように6～7人のこの会社の若い社員たちが立っていた。学生の一人が席を立とうしたが、それを遮り、威圧感を感じたのか、その学生は離席するのを諦めた様子がうかがえた。

またこの会社は、若い社員が〝着ぐるみ〟を着て、自社のブースに学生を誘導するため、会場内のあちらこちらでＰＲ用のステッカーを参加学生に配りながら駆けずり回っていた。

再度、ブースに視線をもっていくと、説明が終わり、その会社の若い社員たちと学生が円陣を組み「頑張るぞ！　お～っ！」と会場いっぱいに伝わるような大声で気合をかけて終了。これがその日、何度も繰り返されたのだ。

他社の多くの採用担当者たちは、けげんそうな顔つきでこの会社のブースを見ていた。もちろん私もその一人であったのだが。合同企業説明会の運営ルールを無視し、勝手な振る舞いをするこの会社の行いに、私は「いい加減にしてください。他社にとっては迷惑極まりない」と彼らに注意を促した。彼らは、こちらをにらみつけ、それでもその行為が収まることはなかった。

私は、この合同企業説明会を主催し運営しているスタッフたちに「あの会社のおかげで皆が迷惑している。学生たちも委縮し怖がっている。これでいいのか。この合同企業説明会もさることながら、これを主催している運営会社のあなた方自身もそのような目で見られるぞ」と申し出た。

しばらくして、この会社の行為は収まったが、自分だけがよければそれでよいとするような企業は合同企業説明会に参加する資格はない。この合同企業説明会の運営会社から情報が拡散され出入り禁止になったのかはわからないが、以降の各種合同企業説明会の会場で、二度とこの会社に出くわすことはなかった。

ある日、この運営会社のスタッフから、「実はこの間ご指摘いただいた企業は、採用活動にあたり都内の大手コンサルティング会社のコンサルを受けており、とにかく他社と差別化する斬新な方法でやりなさいということを指導され、あのような形で合同企業説明会に臨んだとのことです」という連絡を頂戴した。

「あきれたコンサル会社だ。斬新な方法とは相手に迷惑をかけることではない。都会と地方とでは環境が全く違うのに、東京と同じ発想でやられたのではたまったものではない」この運営会社のスタッフも同感した様子であった。

学生たちは、このような企業もあるのかとよく見ているものである。企業の熱心な採用活動は大いに結構ではあるが、方法を間違えるとその企業自体の評価を下げ、やがて学生たちから見放される。このようなことがあってはならない。

採用のミスマッチがジワジワと増えている

「オンライン就活の便利さの裏側にある落とし穴」

コロナ禍になって久しい。企業の採用活動も、学生の就職活動の仕方も大きく変わった。

ウェブ・オンラインの活用が主流になり、企業側・学生側双方に時間的なメリット・経済的なメリットをもたらし、物事が効率的に進むおかげで生産性もあがった。学生にとっては、それがまた就職活動に好都合となり、広い地域の様々な企業との接触を可能とした。

一方、それ以上のデメリットもある。特に採用活動の中ではそれが浮き彫りになる。企業側はオンライン面談相手の学生たちの表面的なところしか見えない。リアルな状態であれば相手の息遣いを感じながら本質まで見えてくるが、それがなかなかできない。学生側にとっては、直接企業と話をすることによって、ホームページや求人票に記載されていない様々な情報は入手できるが、企業の雰囲気や全容をつかみ取ることができず、断片的で表面的な理解に留まる。

つまり企業側と学生側の間の関係づくりが、リアルに比べて希薄なのである。それが双方を悩ませる。

関係が表面的であるがゆえに相手の真意がつかめない。学生たちは、自己分析も企業研究もソコソコに切り上げて、オンライン就活でいろいろな企業にアプローチを試みるが、全て画面をとおしての説明では、「情」やその企業に対する「思い」がなかなか生まれてこない。

このような学生たちに限って曖昧な理由をつけ、申し込んでいた採用試験や内定通知をいとも簡単にキャンセルする。リアルであればそのような状況にならないよう予防措置を講ずることができたが、コロナ禍で学生との接触率が低い状態の中では、企業としても有効な対策が打ち出せない。と、こんなところであろうか。

このようなことが、ここコロナ禍になって以来続いている。あと2~3年を経れば、あるいはコロナ感染が落ち着き、収束する兆しが見えるようになれば、新卒入社3年以内の離職率が一挙に高くなる可能性もある。現にその兆候が出てきている。せっかく内定をもらった企業に入社したが、「イメージが全く違っていた」「説明を何も受けていなかった」「企業が説明したことと実態がかけはなれている」などなど、リアルの時でもこのようなミスマッチが生じていたが、オンラインになって、これまで以上のミスマッチ現象が生じているのだ。

それは学生側だけでなく、企業側にも起こっている。「なぜ当社が求める人材と違う学生を採用したのか」「画面越しには明るく元気であったのに、実際は全く違う」「やる気があるように見えたが、それは表面だけだったのか」そんな嘆き声があちらこちらの企業から漏れ出している。企業側にとって、たとえミスマッチがあったとしても一旦雇用した以上は、そのような人物でも辞めさせるわけにはいかない。

このマイナスの財産をプラスの財産に変えていくのが企業の力量でもある。そのためには長い歳月を要す。せめて、教育に投資をした金額が全額回収できることを願っている。

世界の中心には必ず人がいる

「今こそ、採用活動も就職活動も原点に立ち返る！」

学生たちが大学に進学する目的として最も多いのは、「大卒の学歴が必要だと思ったから」次いで「自分のやりたいことを探すため」で、その次にくるのが「自由な生活を楽しみたいから」だそうだ。

つまり「学問を深く掘り下げて研究し、人として成長していく」とか、「自分が将来やりたい仕事に就くために大学に進学する」というよりも、大学生活の中で自分の将来についてゆっくりと考え、今後の進路を検討していきたいとする学生が実に多いのが現実なのだ。

では、その大学生活でゆっくりと自分の将来を考えていきたいはずの学生たちが、大学の3年生・4年生つまり就活生となった段階までできても、自分が将来どんな仕事に就きたいのかさえもわからない学生が多いのは何故か。

これは今々そうなったわけではない。ずっと以前よりこのような状況は続いている。私は20年間採用の現場に携わっているので、そのようなことは肌で感じている。将来の形成力がない。だからこそ、各大学は学生たちのキャリア形成に力を注いでいるのであろう。

しかし、今必要なのは学生たちの「人としての基盤力」であり、キャリア形成の知識ではなく「生きる知恵」であろう。

働き方も多様化し、働くことへの価値観も変わってきている昨今だからこそ、大学を卒業してから社会に踏み出す第一歩が大変重要であり、人生の中での糧となる「就職」がまさにそれである。この第一歩を踏み外すことのないように就活生たちには期待したい。

この20年余り、様々な学生との出会いがあった。東日本大震災で被災した学生。原発事故での風評被害や誹謗中傷に苦しみ、悔し涙を流していた学生。津波によって内定していた企業が消滅して路頭に迷う学生。リーマンショックでなかなか就職先が見つからず、心が疲弊しきった学生。親の失業や倒産により就職活動の資金がなく、就職自体を諦めかけて自分の将来を憂える学生。自身の考えと親の意見が対立して悩み苦しんでいる学生。度重なる就活ルールの変更に戸惑っている学生。コロナ禍で学校にも友人にも会いに行けず孤立し、行き場のない生活を送っていた学生。ハンデを背負いながらも健常者以上に懸命に就職活動をしていた学生。などなど、本当に私は、彼ら彼女らとの出会いから多くのことを学ばせてもらった。

この間、多くの企業人たちは、これら学生たちを「ゆとり世代だから」などと平然と言い放ち、蔑んだ時があった。彼ら彼女ら自身の意思ではなく、大人たちが勝手につくった社会システムにたまたま遭遇しただけであるのに「今どきの学生」はなどと揶揄《やゆ》した企業の責任は今でも重い。

企業の採用担当者に言いたい。採用は、このような若き学生たちの人生と未来を背負っていることを。それだけ責任が重いことを。だからこそ、真剣に本気で誠実に学生と向き合わなければならないのである。自社の利益のみを追求していく採用活動はすでに終わっているのだ。

就活生に言いたい。就職サイト・SNS・ホームページにぶら下がっている情報は生きた情報ではない。生きた情報はその会社の中にしか存在しないのだ。様々な情報に惑わされず、しっかりとした考えを持って突き進んでいってもらいたい。そして、堂々と失敗し、恥をかいてもらいたい。笑われてもいいのだ。その体験が自分を成長させる。ＩＴが、ＡＩが、ＳＮＳが、今後いかに進化していっても、就職活動は人と人で成り立っていることを忘れてはならない。そして希望を抱かなければ、前には進めない。どのような苦境の中にあっても「希望」を持っていればかならず乗り切ることができる。

世界情勢が混とんとしている今、今後世界の秩序が変化していく可能性がある今、そして地球環境を真剣に考えていかなければならない今だからこそ、常にその核心にいる「人」をどのように採用し育てていくか、何のために誰のために働き、何を目的として自分自身の人生を送るのか、企業側も大人も学生も基本に立ち返る時にきている。

第3章　全ての就活戦士たちに捧ぐ

自分の周囲で起こる出来事の源は自分自身にあり、
己自身を信ずれば全ては成就する。

東日本大震災

「苦境の中で喘ぐ中、命がけで戦った就活戦士たち」

出会い

世界中を震撼させ、多くの犠牲者と行方不明者を出した東日本大震災から10年以上が経つ。

２０１１年３月、震災が起こって10日ほど経ったある日、１本の電話が会社にかかってきた。「御社に会社見学・会社訪問に伺いたいのですが、よろしいでしょうか？」明らかに就活生からの電話であった。「もちろんいいですよ。日程に希望はありますか」と私は、この就活生と即時日程の調整を行い、３日後に会う約束をした。

彼は緊張の糸がほぐれたのか、それまで元気のなかった声が少し明るくなり、再び私に質問をしてきた。「あの～。事情があって、リクルートスーツではなく普段着姿でお伺いしてもよろしいでしょうか」と。私は即座に「全く問題ないよ。普段着でも大丈夫だから、気をつけてお越しくださいね」と答え、逆に彼に尋ねた。「ところで今、どちらにお住まいですか？」「仙台です」「えっ、仙台？」

私が勤めていた会社は山形市にあり、山形と仙台との距離は約50キロメートル。普通であれば、高速道路を利用すれば車で50〜60分程度。しかし当時は、東北道は緊急車両・支援物資や復旧作業を行う車両・避難する車両が優先され、平常な状態にはなく混乱を極めていた。その上ガソリン供給もままならず、ガソリンスタンドには連日、数キロという長蛇の列をなす車で溢れていた。ＪＲ各線も地震や津波の影響を受け、東北新幹線も含め各地で寸断されていた。さらに、スーパーやコンビニでは食料品や日常生活用品が品薄となり、商品棚からはほとんどの商品が消え、それが長期間にわたり補充されず、市民の日常生活に大きな影響を及ぼしていた。加えて頻繁に起こる余震。

そのような状況の中で、本当に山形まで来ることができるのか、再度彼に問いかけたが、彼は「何とかして行きますから、大丈夫です」と繰り返すだけ。まずは気をつけて来るようにと念を押して、受話器を置いた。

過酷な状況での就職活動

3日後、約束の時間どおり、彼は私の会社にやって来た。彼が待っている応接室に入室し、その服装にまず驚いた。彼は、薄汚れたウインドブレーカーをはおり、ほころびかけたジャージと穴の開いたシューズを履き、うつむき、そして寂しそうな顔をして私を待っていたのだ。尋常ではないその姿からただならぬものを強く感じた。

入室後、開口一番「いったいどうしたの？　何があったの？」私は彼に問いかけた。「実は、今日私がお世話になっている避難所から直接来たのです。着るものもシューズも、その避難所から借りてきたのです。このような姿でお伺いし申し訳ございません」さらに彼に尋ねた。「今住んでいるお家は？」「仙台市内でしたが、地震と津波で全てが壊れ流されました」とか細い声で答えた。

津波の被害は仙台市内にも及び、その津波が押し寄せた地域に彼はアパートを借りていたという。そのアパートが地震で壊れ、そこに津波が襲ってきて、室内にあった全てのものが流されたのだという。そこには、ご両親から買ってもらった真新しいリクルートスーツ・靴や鞄・学用品・思い出が詰まった数々の品、それらが一瞬で津波に呑み込まれ消え去ってしまったのである。

「ところで、あなたの生まれ故郷は？」そのように尋ねると「福島県南相馬で沿岸部です」彼の声は震えていた。彼はこれまでのことを語り始めた。「実家は津波に呑み込まれて跡形もなく消えてしまいました。その実家に住んでいた母と祖母は、何とか無事でしたが、その後に起こった原発事故により避難を余儀なくされ、かなりの時間をかけて新潟県まで避難しました。二人は今、その避難所にいます」

「お父様は？」

「父は原発関連の仕事をしており、事故以来、連絡がつきません」

「なぜ？」

「はい。父は事故の当日、海水が引けた原発建屋内の近くで作業をしていたと聞いております。その最中に爆発が起き、それ以降、父に連絡を試みましたが応答がなく、父の勤めている会社にも連絡しましたが、何もわからないとの回答でした」

彼は、自身が住んでいたアパートも、家族の思い出が詰まっている実家も故郷も喪失し、どこにも戻るところがない状況の上に、家族とも離散し、父親とは連絡も取れない。また、母親が勤めていた会社も津波で流されて消滅し、仕事も失った。

仕送りもない、アルバイトもできない、持ち合わせているお金もほとんどなく、あと少しで訪れる大学の授業料の支払いができない。だから退学するしかない。様々な不安と孤独と家族への心配が日々増幅していく過酷な中で、彼は自分を駆り立てるように就職活動に挑んでいたのだ。

県民から寄せられた善意

今、コロナ禍を理由に就職活動に及び腰の学生、何とかなるだろうと高を括っている学生がいるとしたら、彼のような過酷な状況下でも、あなた方は就職活動やっていく覚悟はあるのかと問いかけてみたいところだ。

彼は、私の前で大粒の涙を落としこう言った。「震災があって苦しんでいる就活生は私だけではないのです」と。彼が帰った後、私は地元の新聞社に駆け込んだ。「今し方、被災学生が来て、住むところや故郷も、着るものも、お金も、家族との思い出も全て失いながらも懸命に就職活動をしている。被災地にいけば、このような学生たちがたくさんいるに違いない。新聞やテレビでこのような状況を全国の人々に伝え、彼らを助けてほしい！」

新聞社はすぐに動いた。そして数日後、彼の記事が紙面一面に掲載された。それを読んだ山形県民の多くから、「私が以前使っていたスーツだが、君の就職活動に役立ててほしい」という善意が寄せられた。感動の一瞬であった。

企業からの心無い言葉

しばらくして、彼から連絡が入った。「東北地域では、私が希望している職種で募集している企業がなかなかないので、首都圏まで就活の範囲を広げていきたい」という内容のものであった。

しかし、首都圏で就職活動をしようにも、東北全体がまだまだ混乱している状況であり、また彼の置かれた過酷な立場はわかっていたので、首都圏までどのようにして行くのか尋ねた。「心配していただきありがとうございます。実は高校の時の友達が東京で就職活動をしており、彼の車で東京まで乗せてもらうことにしました」。彼の声は弾んでいた。「それは良かったね。気をつけてね。就職活動頑張ってね」。私はここで少し安堵した。

さらにしばらくしてから彼と会う機会があり、今の就活状況を尋ねてみた。彼は沈み込んでいる。彼は声を絞り出すように話し始めた。

「東京に行きました。まる2日をかけて。東京に着いたのは2日目の深夜。東京の明かりが見えたので安心したのか突然空腹に襲われ、同乗していた友人と一緒にコンビニに立ち寄り、おにぎりを二つほど買い、車の中で食べようと駐車場に戻ったら、その車にフクシマカエレ！と落書きがしてあり、ショックで涙も出ませんでした」。私は彼の話をじっと聴き続けた。彼は話を続けた。「東京に着いた翌日、都内の企業で面接があり、それに参加しました。相手は人事担当者の方一人でした。開口一番、その方に言われたことに大きなショックと怒りを覚えました」

「どういうこと?」私は彼に聞き返した。「その方から、『あなたは福島県の出身だね。ここ（東京）まで来て放射能を伝染させないでね』といきなり言われたのです」。ここまで話した時に彼の目は真っ赤に腫れていたのがわかった。「ふざけるな！　何が絆だ。何が被災者に寄り添うだ。そんな会社には二度行く必要はない！」と、私は腹の底のさらに底の部分からの怒りを露にした。

当時は、国内全体が「絆」だとか「被災者に寄り添うことが大事」だとか、そのような考えで多くの国民が何とか被災地を支えようと懸命であった。にもかかわらず、企業の、しかも人事を司る人間からこのような言葉が発せられたことが、非常に情けなく、悔しく、同じ企業人として恥ずかしく、それが一塊となって怒りに変わっていったのである。この人事担当者は半分ジョークで、軽い気持ちで発言したのかもしれないが、冗談でもそのようなことが言えるような状況にない深刻な事態の中で、この人事担当者の発言は絶対に許されるものではない。人事担当者・企業人、いや人間として失格である。

企業への憎しみ

彼は、そのような重い出来事を背負いながらも黙々と就職活動を続けていた。10社目・20社目・30社目の採用試験を次々に受けていった。そして70社目、彼にはどの会社からも内定を知らせる通知が届かなかった。そして在学期間中に内定をもらうこともなく卒業していった。

私は時々、彼が在学していた専門学校に彼はその後どうなったのかを聞いたが、誰も何も知らなかった。そのようなことを繰り返すうち、しばらく途絶えていたが、彼から私宛にメールが届いた。

「前盛さん、僕のことを心配してもらっているようで、ありがとうございます。先日、用事があって自分が卒業した専門学校へ行ったところ、キャリアセンターの先生から、前盛さんが心配していたよ、と聞きました。本当にありがとうございます」ここまで読んだ時、ああ、彼は私を忘れてはいなかったのだな、と少し気持ちが楽になったことを記憶している。

ところが、読み進めるとショッキングな文面に突き当たった。彼から送られたメールの最後に、「前盛さん、僕は企業というものに対して不信感と憎しみを抱いております。何度チャレンジしても不合格。この世の中から僕は必要とされていないと、今も強く感じています。現在、僕は入退院を繰り返す日々を送っています。実はあれ以降、うつ病という心の病にかかり、長期的に入院をしていました。ですので、今も就職はしていません。このようになったのは企業の人たちにも原因があります。だから、そのような企業を僕は憎みます。これが最後のメールになると思います。さようなら」という内容の文章が記載されていたのだ。

涙がこぼれ落ちた。悔しくて残念で、情けない気持ちが私の全身を包んだ。なぜだ？　どうしてだ？　自分に問いかけた。彼は過酷な状況でも果敢に就職活動に挑んでいたが、彼自身が「一刻も早く就職して働きたい。働かないといけない」と言っていたことを思い出した。そう彼は、過酷と不安な状況の中で焦燥感が増幅し、就職活動の目的が「働く」ということだけになり、それ以上でもそれ以下でもなくなったのだ。そのような思いで就職活動をすれば、企業側は「では働ければどこでもよいのだな」と解釈する。企業はそのような人材は求めてはいない。彼は努力をしたが、その努力の方向が間違っていたのだ。

そのような彼に対して、私がもっと気づいて支援をしてあげればよかったと悔やんだ。彼に対して役に立つことができなくて申し訳ない気持ちにもなった。人事採用担当者として反省させられ、この体験が、それ以降の私の採用活動の基盤となっていったことは言うまでもない。

苦しみの中で戦った就活戦士たち

震災のその年に、合同企業説明会等で出会った学生たちには、これらのことを自分への戒めとして、また震災を忘れてはならないとの思いで、機会あるごとに話をした。それは現在においても続けている。

震災が起こった年のある時、仙台市内にある大学の学内企業説明会に参加した。その説明会には100社を超える企業が出展し、数百名の学生が参加した。私の企業ブースには12～13名の学生が着座し、10名前後の学生が立ち見で私の説明を聴いていた。そこで、彼の東京で体験したことなどの説明に入って、その話が終わりかけた時、着座していた女子学生が手を挙げた。表情を見ると目に涙をいっぱいためていた。彼女はこう言った。「私もその方と同じような体験をしました。悔しくて、残念でたまりませんでした」と。すると着座している学生・立ち見で説明を聴いていた学生が次々に手を挙げ始めた。「僕もです」「私もです」と7～8名の学生が涙を浮かべながら言い始めたのだ。

学生たちのその姿を見て、私は愕然として、何か怒りを超す怒りがフツフツと湧き上がってきた。「何が絆だ。何が寄り添うだ。何が被災地への支援だ。ふざけるな！馬鹿野郎！　企業は、学生たちをなめるな！」と大声を張り上げた。

説明会場が一瞬静寂に包まれた。そして何事が起きたのかを確認するため、私のブースの周りには、大学の教職員・出展していた企業関係者・参加していた学生の人だかりで溢れた。それでも私は、学生たちへの説明をやめなかった。多くの人が真剣な表情で私の話を聴いていた。顔が紅潮して明らかに泣いている人も多くいた。

震災が起こり、家族が、知人が、友達が犠牲になった学生たち。内定して希望に満ち溢れていた矢先に起こった震災により、その内定していた企業が消滅してしまった絶望感。大学進学が決まり、未来に期待を寄せていたにもかかわらずそれがかなわなかった高校生。就活のために出かけ、二度と家に帰ることができなかった就活生。話を聴いていた多くの学生の前で、私は声を震わせながら話を続けた。

私は、思った。自社の利益のための採用活動ではなく、学生のため、その学生たちが本心から思っている自分の未来を現実にしていくための伝道師的役割を果たしていくことが自分の使命ではないのか。私の人事採用担当者としての使命はそこにこそある。それを確信したのが、東日本大震災が起こった２０１１年であった。

以来、時代が変わろうとも同じことを言い続け、今の学生たちからはきっと「ウザイやつ」と思われているであろう。しかし、私は採用最前線に立ち続ける限り、震災で戦った当時の就活戦士たちの思いを伝えていく。命ある限り。

第4章　Z世代の全ての若者たちに捧ぐ

希望を持ちそれを信じていれば全ては可能となり、
運命が好転する。

Z世代の全ての若者たちに捧ぐ

「希望こそが運命を変える泉である」

私を「採用のカリスマ」とか「県内トップクラスの人事採用担当者」とか言う人々がいる。実際、地元の新聞で学生の就職活動の連載コラムを担当させていただき、それを読まれた方の反響もある。

しかし違うのである。私は何も特別なことをしていない。ただただ、学生や若者たちと本気で本音で向き合ってきただけのことなのだ。企業の人事担当として採用に関わっていく以上、相手の人生を背負っているという大きな責任が課せられている。だからこそ、採用担当者は謙虚に誠実に、本気と熱意を持って、自分や自社の強み・弱みをさらけ出す覚悟を持ち、本音で学生や若者たちと向き合う。その信念でこの20年間、採用の最前線に立ち続けてきた。それだけのことである。

それがゆえ、企業に都合の良いことばかりを並べ立て、型にはまった説明をし、それを自画自賛している採用担当者を見ると腹が立つのである。それは私だけではあるまい。多くの就活生たちもそう思っているのだ。現に各地で行われる就活イベントへの学生動員数が、年を追うごとに減少しているのがその証である。

社会人としてのスタート

とはいえ、私自身も今の就活生と同じ年代の頃は暗い闇の中に立っていた。その闇から脱却しようと、携帯やスマホ・インターネットや合同企業説明会といった就活イベントさえもなかった当時、「黒電話」と「電話帳」（Z世代の方には何のことか理解できないかもしれないが）を使い、目についた企業に片っ端から電話をして就職活動に挑んだ。

県内の地方銀行に内定が決まり、喜んだのもつかの間、入社前の内定者研修を受けるためにある支店に行った時のことである。その支店のベテラン男性行員が私に向かってこう呟いた。「よくこんな銀行に入る気になったな」と。

無性に腹が立ったと同時に情けなくなった。「世の中、こんな社会人もいるのか」それが私の社会人としてのスタートであった。

この銀行には16年間ほどお世話になり、預金・出納・為替・融資・渉外などの業務を担当させていただき、当時当たり前であったフルバンキングの業務形態の中で様々な体験と勉強ができたことは、今でも感謝している。

運命は自ら招き、憂いの心があればやがて崩れる

その後、自らの意思で銀行を辞め、保険会社に入職。ちょうど当時は、大手証券会社や都市銀行が相次いで倒産するなど、バブル崩壊後の金融危機の真っただ中。この保険会社も例外ではなく、ほどなくして破綻。誰もが同社の親会社でもある大手都市銀行がこの保険会社を救済するものと信じて疑わなかったが、親自身だけが生き残ろうと、あっさりと子を切り捨てたのだ。しかし、その親も金融再編の大きな波に呑み込まれ、今は存在しない。社会の非情さをまのあたりにした貴重な体験であった。

物語はまだ続く。次の生き方で選択したのは、ハウスビルダーへの転職であった。マイホームを持ちたいとする人々に夢と幸せを運ぶ、素晴らしい職業である。地域密着型の企業であり、社員たちも自信と誇りを持ち活き活きと働いていた。私はそこで、お客様の情報を取り扱かったり、広報企画を担当するセクションでお世話になることとなった。

そうこうしているうちに、この会社の上層部から耳を疑うような話を聞くことになった。「あなたは、○○銀行の出身だよね。実は当社のメインバンクからクレームが来ている。何故、敵対する○○銀行出身の人間を雇っているのかと」

この会社は、メインバンクから常に支店長クラスの人間を出向者として迎え入れていた。今思えば、私がこの会社に入社しそれなりに活躍していたことが、この出向者を通じて銀行本体に逐次報告されていたのだろうと思う。私は、私がいることにより、お客様から信頼されているこの素晴らしい会社の経営に悪影響を及ぼすのではないかと真剣に考えるようになったのである。

退職した現在でも、この会社とはお付き合いがある。ハウスビルダーの仕事とは、

「住宅」という商品を売るが、売る側の「人」こそが、最も重要であること。そのための人間力形成が住宅を支える土台であり柱でもあることを学ばせていただいた。感謝しかない。

運命転機

人生の転機を迎えた。ハウスビルダーを退職した後、銀行員時代からの知り合いから当社にこないかと誘いがあった。当時焦りがあった私は、その誘いにのり、その会社に入る決断をした。ところがフタを開けてみると全く会社組織としての機能はなく、従業者5人足らずの自営業であった。私は、私を誘った人物に対して、きちんとした会社組織を構築し経営することを提案し、彼はしぶしぶそれに応じた。彼の消極的な態度から、これは何かあるなと悟った一瞬でもあった。

会社としての登記を進めていくうちに、突然彼から「自分は代表者にはならない。あなたが代表者になってくれ。従業者の皆も承諾しているから」と言われ、その甘い言葉に踊らされるような形で、私が代表取締役を務める形式での登記が完了したのであった。

登記は完了したが、腑に落ちない何かが私を支配していた。何かおかしい。このまま彼を信じてよいのだろうかと迷いが生じていた。そこで私は、自分自身の感性を信じ、登記から1ヶ月も経たないうちに、彼にはいろいろな理由をつけて、代表取締役の変更登記を行った。

そんな矢先、私の自宅に見慣れぬ会社から封書が届いた。差出人は聞いたことがない債権管理会社からだった。封書を見て驚愕した。債務履行を督促する数千万円の請求書が入っていたのだ。翌日、その請求書を持って彼を問いただすと、以前彼が経営していた会社の借金であったことが判明した。彼は自己破産していたのだ。それにもかかわらず自分で事業を起こし、そこで得られた利益で、倒産して迷惑をかけた人々に返すことも一切せず、私腹を肥やしていたのだった。

またほどなくして、その債権管理会社から連絡があった。「私は、この会社の代表をすでに外れ、彼とは全く関係がない。むしろ私は被害者の方だ」と強く主張した。

それ以降、この債権管理会社からは二度と連絡は来なかった。それから半年後、この会社は消えてなくなった。自分の感性を信じ行動することがいかに大切であるかを改めて思い知ったと同時に、自分の脇の甘さを痛感する大きな教訓となった。

希望が運命を変える

しかし、希望は捨てなかった。もう一度家族のためにも奮起し、必ずや幸福をつかみ取るぞ！　そのように念じて自分を奮い立たせた。そして、縁あって地元のＩＴ関連企業に入社することができた。年齢はすでに40歳を超えていた。

この会社では、経営企画業務を担当し、さらに役員までさせていただく中で、20年間という長きにわたり人事採用の最前線に立たせてもらった。そこでのいろいろな経験の積み増しがあり、今の自分の財産となっている。このような機会をいただけたことに心より感謝している。もし、あの時、自分の過去を責め、至らぬ自分を他人や周囲のせいにし、過去だけを振り返る思考に支配されていたならば、今の自分はなかったであろう。

就活生たちは希望の太陽である

私には就活生にいつも言っていることがある。それは、就活生たちは社会の宝であり、これからの世界を築く民であり、社会全体の希望の太陽だからである。だからこそ本気で本音で、時には涙を流して言い続けている。

①希望を持つこと。
②己自身を信じること。
③他人と比較して生きぬこと。
④焦りが間違った判断を導くこと。
⑤社会人として最初に就業する先が最も重要であること。
⑥可能性は無限大にあること。

⑦学生がイメージする社会と実社会には必ずギャップがあること。
⑧労せずして本当の幸福は訪れないこと。
⑨安定の先には不自由さが、不安定の先には真の自由があること。
⑩就職することが就職活動の目的ではないこと。
⑪就職活動は自分一人だけのためにやっているのではないこと。
⑫恥や失敗を怖れぬこと。
⑬人生は誰のためにあるのか。何のために生きるのかについて考えること。
⑭東日本大震災で人生がくるってしまった当時の若者たちのこと。
⑮就職活動中、津波で命を落とした学生たちの無念、そして家族の苦しみ。

無論、私自身のこれまでの体験の全てを若者や学生たちに言い続けるのは、若い世代の人々に本当に幸福な人生を歩んでいってもらいたいからだ。そして将来、自分の幸福を、今度は自分以外の人々にも分け与えることができるような人になってもらいたい、という一念からである。

国益だけを追求した国家が過去にどういう道をたどったのか。儲けだけを追求した企業がどのような結末に達したのか。自分だけの利益を考えて生きた人間がどうなっていったのか。過去そして現在を見渡して考えてもらえればわかるであろう。

Ｚ世代と言われる若者たちは、インクルージョン（一体性）の意識が高く、社会問題に対して関心が強い。また現実主義的でありながら共感力に長けている。さらには、コストパフォーマンス（コスパ）よりもタイムパフォーマンス（タムパ）を重視し、時間を効率的に使う。それがゆえに、争いごとは好まず平和主義で、仲間や家族を大切にし、人の役に立ちたいという気概がある。

最近出会う多くの就活生を見ても、そのような傾向が強いし、就職活動自体もタムパ化。オンラインでの就職活動が主流になっているのも、無論コロナ禍の影響もあるが、タムパを重視する世代の影響もかなりある。そのような世代であるからこそ、相手を思いやる優しい世界づくりに貢献できるものと期待している。

就職活動を通じて自身が成長し、自分自身の将来へのビジョンを実現でき得る企業に入社してもらいたいと強く願っている。そしてそこで、働きがい・やりがい・生きがいを持ち、豊かな幸せな暮らしを実現しつつ、感謝の心を醸成し、それを周囲に伝えて、自分以外の多くの人々に幸福をもたらしてほしい。

Z世代の若者だからこそできる未来を。君たちは希望の太陽だ。

終章

最後に、私が企業の人事を担当した20年間の中で、もっとも感動し感激したことは、家庭の事情があり、退職せざるを得なかった女性社員からの1通の手紙であった。

彼女の手紙にはこのように書かれていた。

「前盛室長、今まで大変お世話になりました。そして育休後、そのまま退職となって申し訳ありません。仕事も途中で、本当はもっとやりたい仕事や学びたいことがたくさんあったのですが、子どもの状況を見て、今は子どもに寄り添うという結論に至りました。

前盛室長には、本当に感謝の気持ちでいっぱいです。入社前、会社訪問で初めて室長にお会いし、会社のこと、社員のことをこんなに大切に思い、情熱に溢れたお話を聴いて、〝この会社に入りたい！〟と思いました。こんなにキラキラ輝いて話をされる人事担当者を見たことがなく、衝撃を受けたのを覚えております。この会社で働くことができたのは、前盛室長のおかげです。

その日から今日まで、室長にはたくさんのことを教えていただき、見守っていただき、そして助けていただきました。また、いろいろなことに挑戦する機会も与えていただきました。任せてもらえた喜びとやりがいを得て、挑戦したいという前向きな気持ちになることができました。

実力不足で結果を出せずに退職となってしまいましたが、今も私の中には、前盛室長から教わった熱い思いがあります。その思いを胸に、学びながら前に進んでいきたいと思います。今まで本当にありがとうございました。お酒の飲み過ぎには注意してくださいね（笑）、皆の室長ですから」

胸が押さえつけられるような気持ちになった。彼女はこれからもずっと仕事をしていきたいと心より願っていたが、子どもさんのことがあり退職する決断をした。その思いを考えると、並々ならぬものがあったのだと思わず目頭を押さえた。そして、彼女は退職にあたり、全社員に対して自分の思いを伝えた。中には号泣する社員もいた。それだけ彼女はこの会社を愛していたのだ。彼女のような立派な人間、そして素晴らしい仕事振り、彼女の人を思いやる気持ちと行動が、社員の絆と幸せを呼び寄せたのだ。社員は全員、彼女の退職を惜しんだ。

人事採用が成功するとは、優秀な人材がどれだけ採用できたかで決まるものではない。採用した人間が入社して、仕事や職場生活をとおして、彼女のように素晴らしい立派な一人の人間として成長し、周囲の人々に好影響を与えるような人になった時に初めて、採用が成功したと言えよう。

私は企業の採用活動は教育活動であると思っている。そして採用とは、人々の人生そのものを背負っているという大きな責任があると確信している。

企業の経営者も人事採用担当者も、自社に利益をもたらす採用活動から、地域全体に利益をもたらす採用活動に転換していってもらいたい。

教育従事者は、生徒や学生の心に深く入り込む〝心の教育〟に撤していってもらいたい。それに撤していれば、〝いじめ〟などはこの世から消え去るのだ。しかし、そのためには、教員自体が健全で誠実で謙虚な心を持つことが大切である。

そして学生には、何のために、何の目的で大学に進学するのか、真剣に考えてもらいたい。就活生になっても、将来の自分の進む道がわからないようでは本末転倒なのである。

学生の保護者も然りである。親は子に対して、自身の人生・生き様というものを本気で本音で語っていただきたい。子どもは必ず聞く、そして変わる。それがないから子どもに迷いが生じる。自信をなくす。自信がないからそれを覆い隠そうとする。会社は経営者自身の（人間的な）器で決まる。家庭も同じ。家庭も親の器で決まる。

経営者も社員たちも、教員も生徒たちも、親も子どもたちも、立場の違いはあれど、お互いからお互いを学び、共に育み、共に成長していく「共育」こそが、今の社会に必要なのだと思う。

退職した彼女から、私は多くのことを学ばせてもらった。彼女は今、子どもさんに寄り添い、幸せな家庭を築いているであろう。あなたに心より感謝です。

「ありがとう」